RESEARCH ON THE MODEL TRANSFORMATION

AND DEVELOPMENT OF SOCIAL INTEGRATION IN THE INTERNET ERA

北京市社会科学院文库

BASS

北京市社会科学院文库

互联网时代

社会整合的模式转型
与发展问题研究

王磊 著

社会科学文献出版社

SSAP

SOCIAL SCIENCES ACADEMIC PRESS (CHINA)

前　言

随着实体产业的发展延缓，互联网逐渐登上历史舞台，从一个重要的角度为社会整合提供了一种新的模式。伴随网络时代公民信息需求的爆炸性增长与传统社会整合模式的日趋乏力，互联网技术的迅猛发展为社会整合提供了新的充足动能，加之国家全力的政策支持与全国网民数量的飞速增长，也为社会整合的动力提供了根本保障。党的十八大以来，我国高度重视互联网的发展，习近平总书记指出，我国互联网和信息化工作取得了显著成就，网络走入千家万户，网民数量世界第一，我国已成为网络大国。① 习近平总书记的网络强国战略思想，既是习近平新时代中国特色社会主义思想的重要组成部分，亦是中国特色社会主义引领网络信息化发展的题中应有之义。

随着互联网和移动互联网的普及，目前社会已经变成了现实社会和网络社会既相互独立又彼此勾连的形态。这种复合的社会形态既是新的社会阶层生成发展的时空环境，也是我国社会结构调整的现实背景。网络技术的迅猛发展与互联网的全方位覆盖和普及意味着一个新的时代的到来，信息技术飞速革新诱发一种新的社会形态——网络社会。

本书致力于从历史维度出发，系统梳理古代中西方社会整合思想的发展脉络，在分析现代西方国家社会整合理论生成背景与发展情况的基础上，论述了新中国成立以来社会整合理论的发展路径；进而分析互联网之于社会整

---

① 习近平：《总体布局统筹各方创新发展努力把我国建设成为网络强国》，《人民日报》2014年2月28日，第1版。

合的必要性，以及互联网能够为社会整合提供的一种新的范式。接着，希望从社会整合的主体、客体、时空和方式等主要方面，比较互联网时代社会整合模式与传统模式的异同，挖掘互联网时代社会整合的发展机遇，这也是本书的核心部分。具体主要从"为利益整合创造充盈动能、为价值整合构建聚力空间、为制度整合提供有力保障和为组织整合注入鲜活动力"等四个方面分析互联网之于社会整合产生的积极影响。此外，在分析互联网为社会整合创造发展机遇之时，不应忽视其带来的风险挑战，进而从"数字鸿沟""信息茧房""人工智能与区块链冲击社会结构""网络民粹"等方面分析互联网之于社会整合产生的消极影响，亦是分析其局限性所在。最后，本书将从"营造良好的网络生态环境、谨防互联网的负面分化危机、提升网络4.0时代的社会整合效力"等方面探索互联网时代下优化社会整合的路径以供选择。

综观当前学界，研究社会整合的科研成果较多，已有的研究多数是在探讨执政党如何完善社会整合，但将互联网与社会整合结合起来的研究成果相对较少，相关的专著、学术论文等数量较少。互联网时代下的社会整合问题是一个相对较新的研究领域。与此同时，从历史维度考察社会整合的演变发展历程，尤其是当前我国处在高分化社会的现实环境下，互联网具有的特殊优势越来越被社会重视，将互联网对社会整合产生何种效应放在社会整合的历史发展进程中加以考察，并进一步探求互联网与社会整合相结合是一种新的趋势。这既构成本书的特色之一，又是一大攻关难点。本书力求在这方面取得一定突破，产生些许原创性观点，尽微薄之力，为学术界提供少许学术参考价值。

王　磊

2022 年 10 月 10 日

目　录

第一章

互联网时代社会整合的研究进路

第一节　社会整合研究的时代背景

一　社会整合的研究背景

人类社会的历史，既是劳动生产工具更替的发展史，亦是一部关于社会分化与社会整合双重演变的变迁史。社会变迁是社会现象发生变化的动态过程和结果，是人类社会生存发展的基本形态。[①] 社会变迁的本质即社会分化与社会整合的过程。社会分化促使社会发生量变和质变，推动社会的发展与进步。然而，伴随社会不断的解构和重组，协调与控制社会结构中各部分子系统成为保障社会系统良性运转的题中应有之义。若任由分化蔓延扩张，就会引起社会秩序的混乱、社会矛盾的堆积，葬送已有的社会发展成果甚至破坏社会发展的前途。"随着互联网和移动互联网的普及，目前社会已经变成了现实社会和网络社会既相互独立又彼此勾连的形态。这种复合的社会形态既是新的社会阶层生成发展的时空环境，也是我国社会结构调整的现实

---

① 张荆：《社会变迁中的我国群体性事件状况与国家治理研究》，《中国人民公安大学学报》（社会科学版）2014 年第 4 期。

背景。"①

传统农业社会以熟人社会为主，社会流动性弱，社会关系相对固定，以民族和家（宗）族构成的血缘地缘团体成为社会整合的主体力量。"传统社会整合在国家层面是中央全能主义权威式政治整合的生成逻辑，在地方则是以家族、宗族为基础，以'礼治'为核心的，以士绅掌握话语权范式的地方自治。"② 民族自形成以来，始终发挥着维持社会秩序、实施社会整合、提供社会凝聚力的重要作用。家（宗）族在社会整合中所起作用取决于其和政治组织的结合程度，族权与政权联系紧密，则发挥的效用强大，如中国传统社会的宗法制，反之则效用微弱。就思想体系而言，儒、释、道构成了中国传统文化的主流思想，历代思想家们从各个角度论述了"天命""礼教"对社会等级秩序建立的必要性，并通过一些宗教制度把国家信仰提升到法律层面，迫使全体人民接受。礼治在社会整合的过程中作为价值载体，对维护社会政治稳定、实现社会整合起到了较为重要的规范制约作用。然而，历史也充分证明，"法律只能限制人的行为，而无法限制人们思想"。③不受约束的皇权，容易失去民心，最终的结局必定是改朝换代。1840 年鸦片战争是中国社会整合功能由传统走向现代的转折点。虽然一些仁人志士对社会整合机制的构建进行了探索，但由于其特殊的社会性质和社会环境，以封建伦理道德为核心的社会整合模式并没有从根本上发生变化。

新中国成立后，在中国共产党的领导下，中国社会实现了高度的整合。面对新中国成立初期的艰难困境，在经济上，中国共产党实行了高度集中的计划经济体制，并且依靠国家权力的力量没收了大量的官僚资本；在政治上，实行行政的和刚性的党政一体的社会整合方式。虽然毛泽东在其著作中未曾明确提出"社会整合"一词，但在其部分文献中确有体现。如在《关于正确处理人民内部矛盾的问题》一文中指出："在我们的面前有两类社会

---

① 雷明贵：《新的社会阶层社会整合》，中国社会科学出版社，2019，第 4 页。
② 张番红：《转型期我国社会整合研究——基于马克思主义视角》，中国社会科学出版社，2016，第 61 页。
③ 刘泽华主编《中国传统政治哲学与社会整合》，中国社会科学出版社，2000，第 25 页。

矛盾，这就是敌我之间的矛盾和人民内部的矛盾。这是性质完全不同的两类矛盾。"① 毛泽东正确处理人民内部矛盾和社会各种关系的思想，体现了对马克思主义社会整合理论的继承与发展。计划经济时期的整合方式一定程度上迎合了当时中国的现实社会需求，对于维护社会稳定、团结全国力量、集中进行社会主义现代化建设具有一定的积极效用。

改革开放以来，社会发展面临多重转型。贫富差距拉大、阶层分化扩大、基尼系数增长、社会发展不均衡以及分化增强社会异质性等方面改变了社会整合的基础。"身份社会向契约社会的转变，改变了整合的向度。"② 由于高度集中的计划经济存在严重弊端，党的十一届三中全会作出了经济改革的重要决定。随后，公有制经济的主体地位和国有经济的主导地位得到明确，社会主义市场经济体系逐步成熟，全方位开放的经济格局逐渐形成。与此同时，政治体制改革和思想观念逐渐多元化也使得中国社会发生了巨大的变迁。上述变化削弱了以往传统的相对机械的刚性社会整合方式的功效，与此同时，中国社会生活网络化的快速发展，实在令人难以预料。1987 年 9月 14 日，北京计算机应用技术研究所发出了中国第一封电子邮件："Across the Great Wall，we can reach every corner in the world"（越过长城，我们能到达世界的每一个角落）。中国人实现了对互联网的第一次具有里程碑意义的接触。③ 面对互联网在中国的发展，为了保证新时期中国社会的有效整合，必须不断寻求适应互联网迅速发展的新的社会整合方式。

20 世纪 90 年代中期，互联网在中国进入商业价值迅速提升的阶段。伴随信息技术的更新迭代，互联网作为一种新的媒体形式，以其独特的优势登上了历史的舞台，并在社会上迅速普及。根据第 46 次《中国互联网络发展状况统计报告》，"截至 2020 年 6 月，我国网民规模达 9.40 亿，较 2020 年3 月增长 3625 万，互联网普及率达 67.0%。我国手机网民规模达 9.32 亿，

---

① 中共中央文献研究室编《毛泽东文集》（第七卷），人民出版社，1999，第 204~205 页。
② 张番红：《转型期我国社会整合研究——基于马克思主义视角》，中国社会科学出版社，2016，第 153 页。
③ 刘少杰：《中国网络社会的发展历程与时空扩展》，《江苏社会科学》2018 年第 6 期。

较 2020 年 3 月增长 3546 万，我国网民使用手机上网的比例达 99.2%，网民规模和上网普及率呈逐年上升趋势。"① "数亿部电脑和手机就形成了中国民众自由发表言论的巨大平台，构成了中国民众自由进行思想交流的巨大网络，甚至成为一些社会成员尤其是年轻网民自由进行日常生活如购买各种商品和服务的生活网络。"② "虚拟的互联网世界，与真实世界并无二致，尽管它总是呈现出无序的景象，却是一个高度开放的结构，其中充满了创造、惊奇、自由与潜力。"③ 网络技术的迅猛发展与互联网的全方位覆盖和普及向人类展现了一个新的时代的到来，信息技术飞速革新诱发一种新的社会形态——网络社会。

党的十八大以来，党和政府高度重视互联网的发展，习近平总书记高度重视各届世界互联网大会，并在第六届世界互联网大会上指出："新一轮科技革命和产业变革加速演进，人工智能、大数据、物联网等新技术新应用新业态方兴未艾，互联网迎来了更加强劲的发展动能和更加广阔的发展空间。各国应顺应时代潮流，共同推进网络空间全球治理，努力推动构建网络空间命运共同体。"④ 无论是从国家层面还是社会层面探究，互联网都不仅被视为国家、社会与社会成员之间的沟通交流工具，更被视为一个全新的、多维度的重要战略阵地，国家和社会都致力于在该范畴上充分扩大各领域空间。互联网社会的崛起是自工业社会以来又一次深刻的社会变革。"网络建构了新的社会形态和社会舆论，改变了社会生产、社会权力和社会文化的固有形态与结果。"⑤ 互联网技术的普及不断改变人类的生产方式和生活方式，在社会发展的各个领域发挥着变革作用。伴随互联网技术的加速发展与相关产

---

① 中国互联网络信息中心：第 46 次《中国互联网络发展状况统计报告》，2020 年 9 月，第 1 页。
② 吴忠民：《社会公正论（第三版）》，商务印书馆，2019，第 341 页。
③ 吴晓波：《腾讯传 1998~2016：中国互联网公司进化论》，浙江大学出版社，2017，第 218 页。
④ 《习近平向第六届世界互联网大会致贺信》，《人民日报》2019 年 10 月 21 日，第 1 版。
⑤ 〔美〕曼纽尔·卡斯特：《网络社会的崛起》，夏铸九、王志弘等译，社会科学文献出版社，2001，第 434 页。

业的不断融合，数字经济已成为推动中国各领域发展的重要动能。"我国数字经济规模已达31.3万亿元，位居世界前列，占 GDP 的比重达 34.8%。"①新型互联网技术的全方位运用，有力推动了新产业形态的发展与产业结构的优化升级。互联网技术作为一种全新的技术手段，21 世纪后，逐渐打破了传统社会的时间空间壁垒，原有的社会结构与社会整合机制不得不随时代变化而革新，因而在依托互联网技术加快经济发展的同时，也要运用互联网思维对原有的社会整合方式进行革新，从而实现对整个社会的全面整合，最终达到提高民生福祉、促进社会和谐稳定的美好愿景。

二　社会整合的研究意义

以微信、微博、QQ 等为代表的一系列互联网移动 App，打破了原有的社会边界和人际交往互动模式，逐渐形成了一种依靠线上却彼此相对信任、相互依赖的虚拟社会。互联网平台作为一种虚拟空间，并不是脱离实体空间而存在的独立领域，而是依附现实社会才得以存在。根据近年互联网技术在实际生活中发挥的作用，不难发现，互联网的独特优势在于将现实社会与虚拟世界相联系。互联网具有放大、强化和延伸等效应，同时表现出信息传输即时性、时空灵活性和搜寻便捷性等特征。习近平指出："发展好、运用好、治理好互联网，让互联网更好造福人类，是国际社会的共同责任。"②利用互联网的卓越优势，探究互联网对社会整合产生的效应，有助于化解社会矛盾，促进社会的和谐稳定，推动实现"两个一百年"奋斗目标和中华民族伟大复兴。因此，探究互联网时代下的社会整合问题，意义深远。

当前阶段，中国正处于迈向现代化国家的关键节点，在经济建设取得瞩目成就的同时，社会各方面的矛盾冲突也愈加凸显。伴随互联网逐步拓展至传统社会的多个领域，社会更趋向于实现线上线下的整合，对现实社会结构的冲击也越来越大。③ 在此背景下，为缩小贫富差距和收入差距，应遵循常

---

① 喻思南：《互联网发展助力美好生活》，《人民日报》2020 年 6 月 4 日，第 5 版。
② 《习近平向第六届世界互联网大会致贺信》，《人民日报》2019 年 10 月 21 日，第 1 版。
③ 雷明贵：《新的社会阶层社会整合》，中国社会科学出版社，2019，第 5 页。

态化的社会整合规律。"常态下的社会整合遵循'分工—分化—整合—均衡—分化—非均衡—再整合—再均衡'的内在机理动态演绎着发展辩证法，其可能性就是基于主体共同的利益诉求以及规约个体行为的文化制度、法律价值观念和各种规范的存在。"① 互联网与社会整合相结合，即基于互联网平台，使主体共同利益诉求逐渐规范化，进而在高分化社会下推动社会整合趋于合理化。有效的社会整合模式能够起到约束个人主义泛滥的作用，并能够在社会分化解构原有的社会结构的过程中，为个人的自由全面发展提供更加广阔的空间。与此同时，不断转变整合方式，提高整合效率，完善整合机制，能够打破传统社会整合模式的单一主体结构，拓宽利益诉求渠道，更加有效地协调社会矛盾；能够为制度整合提供有力保障，监督公权依法行使；能够使社会价值认同整合构建聚力空间，为社会成员找寻归属感和安全感；能够促进社会组织整合激发内生动力；等等。

当然，互联网对于社会整合也会产生消极影响，也存在一些局限性。比如，"数字鸿沟""信息茧房""人工智能的负功能""网络民粹"等网络问题的存在也使得高分化下的社会整合遭遇重要挑战。因此，探寻克服这些消极影响的方式和路径，实现高效的社会整合，显得尤为重要。

第二节　社会整合的研究述评

通过梳理和分析相关文献可知，目前学界对社会整合的研究，主要集中在社会学、政治学等学科内，哲学、管理学也略有涉及。

一　既有研究的主要视角分析

1. 从"唯物史观"的视角研究社会整合

马克思主义的开创者马克思、恩格斯虽然在其著作中没有确切明晰地论

---

① 张番红：《转型期我国社会整合研究——基于马克思主义视角》，中国社会科学出版社，2016，第13页。

述"社会整合"的概念与相关理论，但马克思主义哲学的重要组成部分——唯物史观，确实是立足于整体的社会历史过程来探究历史创造者问题，同时将社会整合理论涵盖于人类社会发展一般规律即历史唯物主义之中。基于唯物史观视角，马克思、恩格斯揭示出：生产力的巨大发展是社会整合的根本前提；经济基础与上层建筑的社会基本矛盾是实现社会整合的原始动力，追求人的自由而全面发展则是社会整合的价值归宿和最终落脚点。[①]

唯物史观强调历史不是没有逻辑的，而是有规律可循的，人类社会发展相继经历了原始社会、奴隶社会、封建社会、资本主义社会、社会主义社会等历史形态，而共产主义社会将是人类的最终奋斗目标，这其中任何一种社会形态的演变与进化都是社会不断分化与整合的一个过程，社会分化与社会整合思想蕴含于一切历史形态之中。与此同时，人类社会结构是一个有机统一的整体系统，社会整合的主体与客体也随着历史的发展不断发生更迭与转换，这亦可以用唯物史观中的生产关系理论来加以论述：社会分工促进了社会生产关系的生成，而当社会发展到一定阶段，社会要重新整合，从而反作用于分化，再次推动社会的变革与发展。此外，马克思的经典文献诸如《德意志意识形态》《〈政治经济学批判〉序言》《社会主义从空想到科学的发展》《共产党宣言》等都蕴含着丰富的马克思主义社会整合观的相关思想。

2. 从"社会行动"的视角研究社会整合

有学者说，"不了解孔德、迪尔凯姆的社会学，就不懂得西方社会学以科学主义原则建立自身的初衷；而不了解韦伯的社会学，就不懂西方社会学从人本主义立场展开的更为丰富的内容。"[②] 马克斯·韦伯是现代社会以来著名的百科全书式的社会学家。韦伯基于现代社会背景，以社会行动理论为主要视角研究社会整合。"韦伯认为构成社会的基本单位是个体的

---

① 中共中央马克思恩格斯列宁斯大林著作编译局编译《马克思恩格斯选集》（第二卷），人民
　　出版社，2012，第2~3页。
② 刘少杰：《现代西方社会学理论》，吉林大学出版社，1998，第136页。

社会行动，社会存在于个体的社会行动之中。"① 与此同时，他把社会行动作为认知社会的出发点，他对社会行动的判定基于两个条件：一是行动者赋予行动以主观意义和目的，二是行动必须与他人发生联系。② 社会行动理论论证了社会运动形成的原因，说明了个人社会行动与宏观社会何以相联系的深层原因，并对社会制度、社会文化和社会秩序进行了阐释。韦伯的社会行动理论的出发点是关注个体，强调行动中的个人意图与自我选择。韦伯不注重阶级共同体的社会行动，他认为"'阶级'不是在这里确定意义上的共同体，而仅仅是某一共同体行为的可能（和经常的）基础"。③ 与此同时，他更注重社会个体行动，其意义在于不断发现社会活动和社会互动的社会共同体，或是影响社会整合的社会行动。互联网平台本身具有公共性、自由性，能够为信息交流提供公共空间，伴随互联网技术的普及，各年龄群体自觉通过网络关注社会新闻，各抒己见的主动性行为无疑为网络民意整合提供便利。但在为社会整合带来便利的同时，也可能造成无意识"跟风"情况。正如为了实现对社会行动的科学研究，韦伯舍弃了对无意识行动的研究，这也使得韦伯的社会行动理论具有一定的局限性。

现代化社会整合是多元化、多维度和多层面的"大整合"生态。韦伯认为资本主义社会整合的动力机制即"新教伦理"，现代化社会整合的组织形式即"科层制"；韦伯还通过对"科层制"与权威类型的论述，从政治、法律和文化多个层面表达了其维护社会秩序的社会整合思想。韦伯将权威类型分为传统权威、感召权威和合法权威三种类型，并指出以"科层制"为根基，以法律和法规为依据的合法权威是最有效的社会整合模式，并通过众多经验与社会实验证明，纯粹科层制形式的管理组织模式可能会获得更高程度的效率，从这个意义上而言，它在精确性、稳定性、纪律严密性以及可靠

---

① 张凤玲、贾玉生：《社会整合视域下的统一战线》，甘肃文化出版社，2012，第71页。
② 〔德〕马克斯·韦伯：《经济与社会（上卷）》，林荣远译，商务印书馆，1997，第54~56页。
③ 〔德〕马克斯·韦伯：《经济与社会（下卷）》，林荣远译，商务印书馆，1997，第247页。

性等方面比其他形式都优越。[1] 韦伯在高度肯定科层制的积极功能之时，也指出科层制对人的感情和意志的压抑存在严重缺陷，甚至将科层制称为现代人无法摆脱的"铁笼子"。此外，韦伯的社会整合思想还表现在其对现代理性的思考上，并强调现代理性是社会分工的产物。[2]

关于近年来国内对社会整合问题的研究，从社会行动的视角研究社会整合的代表性学者是郑杭生。郑杭生将社会整合看作一种基本社会功能，他认为"当前我国正处于急剧的变迁时期，社会群体、社会关系、社会观念等方面的矛盾、冲突均较为突出，因而发挥社会整合的功能就显得尤为重要"[3]。同时其强调，在文化方面，要注意解决传统的文化模式与新兴的或外来的文化模式的整合问题。在社会规范方面，既要注意解决"社会失范"问题，又要解决多种规范相互冲突的问题。在观念方面，要注意解决多元价值观的社会整合问题。[4] 互联网时代下，社会结构和功能都已发生重要变化，新的利益分配格局和机制需要改变和调整。系统内部发生变化之后，各要素面临着重新整合问题，只有当人与人之间的利益关系和各种社会关系重新整合与协调之后，系统才能达到均衡态势。[5] 同时，在社会转型期的大背景下，学术界产生了一些关于社会整合研究的代表性观点和著作。李强基于社会共同体的视角，将中国传统上的社会共同体与当今中国社会共同体进行比较，并重点强调推进人们日常交往的小的职业共同体建设成为今天社会整合、社会团结与构建和谐社会最重要的民间基础。[6] 吴晓林认为，改革开放以来，中国由过度整合重启了分化的程序，社会异质性得到有效增强，同时，在现代化进程中要不断寻求分化与整合的均衡，并提出"有效容纳、

---

[1] Weber, M., *The Theory of Social and Economic Organization*, New York: Free Press, 1947, pp. 330-332.
[2] 张凤玲、贾玉生：《社会整合视域下的统一战线》，甘肃文化出版社，2012，第73页。
[3] 郑杭生主编《社会学概论新修（第四版）》，中国人民大学出版社，2013，第52页。
[4] 郑杭生主编《社会学概论新修（第四版）》，中国人民大学出版社，2013，第52页。
[5] 郑杭生、陆益龙：《城市中农业户口阶层的地位、再流动与社会整合》，《江海学刊》2002年第2期。
[6] 李强：《社会分层十讲》，社会科学文献出版社，2008，第154页。

界定秩序、社会建设、政治参与、双向认同"等整合方式来推动社会的稳定发展。① 他还强调，从某种角度而言，社会整合的研究就是为了因应现代化进程中所产生的社会"断裂"问题。陈佳、陈凡认为技术的社会整合是技术社会化的一种实现机制，并从技术的视角切入对社会整合的功能做了区分，进而论述了技术与社会系统的整合机制。② 王虎学从分化与整合的角度来阐释分工，辩证全面地看待劳动分工和社会分化的二重性，其认为分工既具有社会分化的效应，又具有社会整合的功能。③

3. 从"社会团结"的视角研究社会整合

在西方学术界，涂尔干（也指迪尔凯姆）被视为最早提出"社会整合"概念并将之用于研究社会问题的社会学家。涂尔干社会学的核心思想"就是如何来恰当地理解和有效地解决19世纪西方发达国家从前工业社会向工业社会转型过程中所遭遇的各种危机进而达到社会整合"。④ 涂尔干毕生专注的领域即社会的整合问题。但在他的话语体系中这一问题被称作"社会团结"。由此可知，"社会团结"与"社会整合""社会内聚力"的含义大致相同。涂尔干认为，社会团结是指人与人、人与群体以及群体与群体之间的联结关系，这种联结关系不仅可以依靠共有情感体验与共同的理想信念而建立，亦能够建立在基于生活需求、功能需要而形成的相互依存关系之上。⑤ 与此同时，他将集体意识视为实现社会团结的奠基石。所谓集体意识即"社会成员平均具有的信仰和感情的总和"⑥，亦即社会成员共同的价值观念和道德规范。此外，涂尔干将国家视为思维的"器官"，即"一种反思的机构"，并将国家的"基本义务"与公民的基本道德相联系，其指出"它

① 吴晓林：《现代化进程中的社会分化与整合》，《河南大学学报》（社会科学版）2012年第3期。
② 陈佳、陈凡：《论技术的社会整合及其机制》，《自然辩证法研究》2014年第8期。
③ 王虎学：《马克思分工思想研究》，中央编译出版社，2012，第3页。
④ 岳天明等：《西北民族地区社会创造活力与和谐社会建设研究》，民族出版社，2016，第108页。
⑤ 刘少杰主编《国外社会学理论》，高等教育出版社，2006，第47页。
⑥ 〔法〕埃米尔·涂尔干：《社会分工论》，渠东译，生活·读书·新知三联书店，2000，第42页。

的基本义务，就是促使个人以一种道德的方式生活，具体到现代社会，就是要通过'创造、组织和实现'个人的权利，通过引导社会对个人人格的崇拜，而使'道德个人主义'成为当今社会的'集体表象'"。①

　　涂尔干将社会团结的类型分为机械团结和有机团结。涂尔干认为，机械团结是一种联结社会的纽带，通过强烈的集体意识将同质性的个体结合在一起②，以原始社会或传统农村社区为典型代表。在以机械团结为纽带的社会中，由于社会分工不发达，社会成员在生活方式和生产方式上的同质性程度较高，社会成员对异质性的容忍度极低。有机团结"是一种建立在社会成员异质性和相互依赖基础上的社会联结纽带"③，以现代社会中的工业化城市为典型代表。其机械团结的建构逻辑为"个体间相似性—利益的趋同性—集体意识—集体情感的维护—社会稳定"；有机团结的建构逻辑为"社会容量的增加（物质密度和精神密度）—社会分工—个人利益重要性的突出—协作—社会功能的维护—社会稳定"。④"在有机团结社会中，社会集体成员之间的共同或相似的情感、信仰和价值观减弱。集体意识对社会控制力下降，复杂且专业化的社会分工使得个人与个人之间的相互依赖性增加。"⑤随着社会的多元化发展趋势，社会个体自主性的增强一定程度上会直接削弱集体意识，然而，这并不意味着集体意识的彻底消失，只是依托集体意识而固有的思维方式和情感方式逐渐被打破并变得模糊起来，⑥但这些集体意识亦是促进社会团结的重要方式之一。

　　此外，涂尔干还认为宗教的社会整合展现为自我整合，他提出了道德个

---

① 王小章：《现代政治与道德：涂尔干与韦伯的分殊与交叠》，《社会学评论》2020年第3期。
② 〔法〕埃米尔·涂尔干：《社会分工论》，渠东译，生活·读书·新知三联书店，2000，第33页。
③ 〔法〕埃米尔·涂尔干：《社会分工论》，渠东译，生活·读书·新知三联书店，2000，第159页。
④ 袁泽民、莫瑞丽：《"社会整合"的类型及建构——对涂尔干的"社会整合"思想的解读》，《理论界》2008年第5期。
⑤ 李红松：《现代化进程中的社会分化与社会整合》，博士学位论文，中共中央党校，2015，第4页。
⑥ 〔法〕埃米尔·涂尔干：《社会分工论》，渠东译，生活·读书·新知三联书店，2000，第133页。

人主义思想，并以宗教研究为载体，探讨了道德个人主义的社会整合功能，标志着涂尔干社会整合思想从早期的结构视角转向后期的文化视角。[1] 涂尔干"致力于发掘科学与宗教之间的信仰连带，不仅要承认二者之间越来越分化，还要理清二者之间的关联，涂尔干的宗教定义其实给社会学理解新的宗教形式以及社会变迁开辟了空间"[2]。在《宗教生活的基本形式》一书中，涂尔干论述了宗教及其仪式在何种程度上以及通过何种方式加强社会团结。[3] 然而，对处于急剧转型期的中国而言，"在现代社会当中，宗教虽然还不能说完全消失，但应当承认，同以往社会当中宗教无所不在的影响相比，现代社会当中宗教的影响更多地限于道德层面，而且对道德影响的权重也已经变小，就连许多宗教本身也程度不同地呈现出世俗化的倾向，或者是对世俗化的包容度越来越大"[4]。

综上所述，涂尔干研究领域的社会团结即社会整合，他认为即使不合理的社会分工会引发经济危机和社会矛盾，但是现代化的社会分工的出现对社会整合必然会产生更加重要的积极作用。互联网时代处于高分化下的社会转型期，面临着与涂尔干生活时期较为相似的问题，因此，梳理涂尔干的社会整合思想，并将其运用于当前互联网社会探索更加有效整合社会资源、化解社会矛盾、创新社会管理的因应之道具有重要的现实意义。

4. 从"结构功能主义"的视角研究社会整合

如果说涂尔干是首先明确提出"社会整合"概念并用之解决社会实际问题的社会学家，那么帕森斯则是将社会整合升华为理论范式并用之阐释社会变迁的集大成者。帕森斯在其早期研究中主要倾向于构建宏大的社会整合体系，后期则逐渐转向探究微观层面的社会整合，并将"社会整合"概念纳入其结构功能主义理论体系之中。帕森斯一直致力于从理论上分析现代社

---

① 李南海：《从结构到文化：迪尔凯姆社会整合思想的演变》，《沈阳工程学院学报》（社会科学版）2011 年第 1 期。

② 迟帅：《世俗社会的到来？——涂尔干论世俗化的意涵》，《广东社会科学》2020 年第 1 期。

③ 陆学艺主编《历史上最具影响力的社会学名著 20 种》，陕西人民出版社，2007，第92 页。

④ 吴忠民：《世俗化与中国的现代化建设》，《清华大学学报》（哲学社会科学版）2020 年第 2 期。

会秩序的形成，他从社会行动的结构出发，结合多学科范式研究社会整合问题，集中体现于代表作《社会行动的结构》一书中阐述的"分析式"结构功能主义社会整合思想。帕森斯明确将行动理论与行为主义区分开来，"他选择行动（action）一词是因为它具有一种与行为（behavior）不同的内涵。行为意味着对刺激的机械反应，而行动意味着一种积极的、创造性的'心智过程'"①。与此同时，帕森斯认为社会行动必须包括五种要素："一是作为个体的行动者；二是行动者的目标及实现目标之愿望；三是手段；四是条件；五是规范。"②

帕森斯进而从结构探讨转向功能追问，他的一般行动体系理论就相应地概念化为适应（adaptation）、达成（goal attainment）、整合（integration）、维模（latent pattern maintenance）功能等 AGIL 模式，对应于有机系统、行动者系统、社会系统与文化系统。③ AGIL 代表着社会的四个基本功能要求，也是社会生存的四个基本条件。虽然四个功能系统中的任何一个功能缺失都会危及社会的生存和正常运转，④ 但是社会整合可以"调整和协调系统内部的各套结构，防止任何严重的紧张关系和不一致对系统的瓦解"⑤，帕森斯指出，社会整合是和谐社会的基础，并指明整合包含两种意义，"一是体系内各系统的和谐关系，使体系达到均衡状态，避免变迁；二是体系内成分的维持，以对抗外来的压力"⑥。

帕森斯还根据功能划分法将社会整合外延化为"文化整合、规范整合、意见整合和功能整合"四个功能层面，并指出社会整合是社会体系内部各

---

① 〔美〕乔治·瑞泽尔：《古典社会学理论》，王建民译，世界图书出版公司，2014，第448页。
② 〔美〕塔尔科特·帕森斯：《社会行动的结构》，张明德等译，译林出版社，2003，第48~49页。
③ 〔美〕塔尔科特·帕森斯：《社会行动的结构》，张明德等译，译林出版社，2003，第23页。
④ 刘惠：《中国共产党社会整合研究》，人民出版社，2016，第53页。
⑤ 〔美〕安东尼·M. 奥勒姆：《政治社会学导论——对政治实体的社会剖析》，董云虎等译，浙江人民出版社，1989，第114页。
⑥ 中共中央宣传部理论局马克思主义理论研究和建设工程办公室编《2007年马克思理论研究和建设工程成果选编》，学习出版社，2008，第121页。

元素之间的和谐与稳定关系，是对社会变迁和社会发展方向的控制，以及对抗外来压力、促进社会在稳定状态中渐进发展。帕森斯对社会整合的贡献在于以社会行动和社会结构理论为依托，对社会整合进行了结构功能主义的分析与研究。"即使功能主义解释还远不足以解释人类冲突之现实，不管怎么说，它还是关注到了社会结构的多重相互联系。"①

5. 从互联网视角研究社会整合

在学术界内，曼纽尔·卡斯特被认为是网络时代最重要的社会理论家之一，他论证了网络社会的信息技术范式及整合方式。卡斯特认为，当前社会已经迈入一个真正多元化的时代，只有从全球网络化与多向度政治的视角出发，才可能理解和改变这样的世界。② 同时，他还指出，信息技术革命普遍渗透进人类活动的全部领域，因此他将互联网作为分析新经济、社会与文化之复杂状态的切入点。③ 在此基础上，卡斯特总结信息技术的新范式包括：信息的原始性、信息的全方位性、新技术系统的网络逻辑性以及特定的技术能够逐渐聚合为高度整合的系统的特性，并以此来佐证互联网之于社会整合的一定程度上的积极效用。在《认同的力量》一书中，卡斯特指出，我们的世界，正在被全球化和认同的对立趋势所塑造。信息技术革命和资本主义的重构，已经诱发了一种新的社会形式——网络社会。④ 尼葛洛庞帝认为，伴随网络的发展，其真正的价值越来越和信息无关，而是和社区相关，信息高速公路正在创造一个崭新的、全球性的社会结构。⑤ 吉登斯从"脱域"的视角指出，由脱域唤起的图像能够更好地抓住时间和空间的转换组合，这种

---

① 〔美〕兰德尔·柯林斯、迈克尔·马科夫斯基：《发现社会：西方社会学思想述评》，李霞译，商务印书馆，2014，第345页。

② 〔美〕曼纽尔·卡斯特：《网络社会的崛起》，夏铸九、王志弘等译，社会科学文献出版社，2001，第32页。

③ 〔美〕曼纽尔·卡斯特：《网络社会的崛起》，夏铸九、王志弘等译，社会科学文献出版社，2001，第5页。

④ 〔美〕曼纽尔·卡斯特：《认同的力量》，曹荣湘译，社会科学文献出版社，2006，第416页。

⑤ 〔美〕尼古拉·尼葛洛庞帝：《数字化生存》，胡泳、范海燕译，电子工业出版社，2017，第214页。

组合一般而言对社会变迁是较为重要的。[①]

　　基于互联网的视角，在国内学术界，张荣分别从微观、中观、宏观的视角对社会成员的个体认同、群体认同、社会认同进行论述，揭示了互联网之于社会认同整合机制的重要影响。[②] 雷鸣从互联网对社会分层的影响、互联网对社会资本的影响、互联网对民主政治的影响这三个不同的维度分析了当前中国社会中互联网对现实社会整合的作用。[③] 王迪、王汉生认为移动互联网打破时空的限制，进而在微观个体层面的社会交往、中观群体层面的社会表达、宏观结构层面的社会分化等多个维度起到了对社会的形塑与整合作用。[④] 陈朋朋从社会整合的视角切入，探究了微博治理的社会参与方面以及微博的文化整合内容，同时简述了国内外微博治理的现状，提出了坚持强国家强社会的导向、构建自上而下与自下而上的互动机制等可行性社会整合方式。[⑤]

　　上文从不同视角探究了西方学术界影响力相对较大和国内影响较深远的社会整合思想，当然，还有一些颇具影响力的社会学家，他们对社会整合问题的研究也很有建树。20世纪50年代以来，社会整合研究逐渐开始关注社会行动主体，力图让个体融入社会，[⑥] 如哈贝马斯强调的社会行动的沟通整合功能，他认为，交往是社会发展的基本动力和基本形式。洛克伍德则将整合划分为"系统整合"和"社会整合"两种类型，前者关注的是社会各系统之间的协调，后者关注的是个人如何融入社会。安东尼·吉登斯从时空抽离和重组的角度出发，认为现代性也有其阴暗面，会带来各种宏观社会矛盾。他提出，"只有通过影响个体和团体行动的知识的不断输入，来对社会

---

① 〔英〕安东尼·吉登斯：《现代性的后果》，田禾译，译林出版社，2011，第19页。
② 张荣：《互联网时代的社会认同整合机制研究》，人民出版社，2018，第3页。
③ 雷鸣：《浅析互联网对社会整合的影响》，《中共杭州市委党校学报》2012年第2期。
④ 王迪、王汉生：《移动互联网的崛起与社会变迁》，《中国社会科学》2016年第7期。
⑤ 陈朋朋：《我国微博治理研究——社会整合论的视角》，硕士学位论文，天津师范大学，2015，第24页。
⑥ 王道勇：《从社会整合到社会合作：社会矛盾应对模式的转向》，《教学与研究》2014年第7期。

关系进行反思性定序和再定序"①，才能最终实现社会整合。与此同时，吉登斯还从行为主义的视角切入，基于在场、共同在场与社会整合的关系指出："即使是最复杂的社会组织形式，从根本上说也是由日常生活的例行常规构成的。"② 李普塞特在其著作《一致与冲突》中论述了社会分层功能与利益结构冲突的社会整合观。罗兹曼在《中国的现代化》中指出，社会整合是社会内部各单位相互依存的整合观。③ 卡斯特认为，网络信息不仅仅是一种历史趋势，信息时代的支配性功能与过程将日益以网络组织起来。网络将建构新的社会形态，此外，他也强调新信息技术范式将为整合社会结构提供更丰富的物质基础，推动社会整合的革新。④

总之，国内外关于社会整合的研究，是其传统文化和现实环境共同作用的结果。我们要秉承求慎求解的科学态度和实事求是的精神，汲取这些有益的学术养分，从而更好地开展相关学术研究。

二 既有研究的主要内容梳理

以上是学术界研究社会整合的主要视角和相关问题切入点。针对具体问题，我们从既有研究中发现，将互联网与社会整合相关问题结合的研究主要集中在如下几个方面。

1. 现代化、网络化背景下的社会整合问题研究

伴随互联网的迅猛发展，网络化和信息化逐步成为推动当代社会分化与整合的主要力量。在中国特色社会主义进入新时代的背景下，中国社会结构发生深刻的变迁，社会的各种新矛盾要求执政党调适自身功能，提升社会整合能力。王爱巧从社会转型期的视角切入，简要论述了中国共产党在转型期

---

① 〔英〕安东尼·吉登斯：《现代性的后果》，田禾译，译林出版社，2000，第 14 页。

② 〔英〕安东尼·吉登斯：《社会的构成：结构化理论大纲》，李康、李猛译，生活·读书·新知三联书店，1998，第 138 页。

③ 〔美〕吉尔伯特·罗兹曼主编《中国的现代化》，陶骅译，上海人民出版社，1989，第 184 页。

④ 〔美〕曼纽尔·卡斯特：《网络社会的崛起》，夏铸九、王志弘等译，社会科学文献出版社，2001，第 569 页。

背景下如何控制各个局面与一些能够消除社会不稳定因素的社会整合渠道。① 唐忠新以社会主义初级阶段的发展进程为线索，侧重揭示了改革开放后中国城市社会整合体系的基本特点及其变革，着重探讨了全面建设小康社会时期构建城市新型社会整合体系的一些基本问题。② 王浩斌认为，促进社会整合的前提条件是社会生产力的高度发展，实现路径是"社会分工""普遍性的世界交往"，最终理论归宿是"人的全面而自由发展"。③ 基于执政党社会整合的一般规律，齐先朴系统地阐明了信息化给党的意识形态整合、政治整合和组织整合带来的机遇和严峻挑战，并重点阐述了党如何顺应信息化的趋势。④ 马发腾认为，互联网作为一种社会结构和重组的工具，在一定程度上打破了原有的社会结构和维持这种结构所依赖的传统的社会整合机制，并提出要用互联网思维探究社会整合机制的构建。⑤

2. 网络空间的社会认同

伴随现代化和城市化的持续推进，互联网的发展给社会成员的生活方式带来了极大变革。学术界对于互联网与社会认同关系的相关研究主要集中于互联网与自我认同的相互影响、网络群体认同的变化等层面，具体观点如下。

第一，互联网为社会认同研究提供了新的机遇，具有正向作用。刘少杰指出，从互联网的视角开展社会认同研究，不仅有利于辨明社会认同的现实形式，还会发现社会认同的强大力量，缺场的网络空间有助于大规模人群的

---

① 王爱巧：《社会转型时期党的社会整合功能研究》，硕士学位论文，华中师范大学，2007，第1页。

② 唐忠新：《社会主义初级阶段中国城市社会整合研究》，博士学位论文，天津师范大学，2006，第1页。

③ 王浩斌：《马克思恩格斯的社会整合思想及其当代价值》，《湖南城市学院学报》2009年第3期。

④ 齐先朴：《论增强党在信息时代的社会整合功能》，博士学位论文，中共中央党校，2008，第1页。

⑤ 马发腾：《互联网时代中国共产党社会整合机制创新研究》，硕士学位论文，华南理工大学，2016，第1页。

即时交往互动，有利于旧认同的分化与新认同的建构。[①] 宋辰婷认为，网络时代社会认同的建构是一个实现价值的过程，在网络空间中意识形态由理论形式向感性形式转变，同时，根植于民众内心的感性认知赋予了网络认同巨大的能量且不容小觑。[②] 邓志强指出，网络时代的社会认同情境发生了颠覆性的改变，针对网络空间社会认同带来的不确定性，要及时重塑网络时间与空间的意义，进而加强网络时代的社会认同，促进社会整合。[③]

第二，伴随互联网的发展，时空转换也带来了相应的社会认同危机。邓志强将其总结为三点：一是网络空间的虚拟性和松散性带来的风险；二是网络空间身份认同的复杂性带来的冲击；三是网络空间界限的模糊性解构着认同基础。[④] 此外，在互联网时代，社会认同的主体、基础和动力都发生了巨大变化，并随之出现相应的分化与冲突。张荣指出，网络虚拟的社会化可能引发社会层次断裂，使得社会成员出现角色认同危机，这主要表现为文化冲突、更深刻意义上的代购、内在的疏离感和孤独感。[⑤]

第三，网络群体认同的特征与机制亦是学术界较为重视的一个研究层面。李海芹、张辉等人对网络公益认同的影响因素和产生机制进行了研究，并指出网络公益社会认同包含认知认同、动机认同和行为认同三个阶段，网络公益社会认同属于网络群体认同的重要组成部分。[⑥] 良好的网络公益认同有助于推动社会整合，与此同时，网络群体的认同中网络公共事件社会认同亦会促使社会形成强大的精神力量，进而影响整个社会秩序。以微博为例，陈华明等指出，微博既可以促使现实关系在网络空间中的延伸，又能提供不

① 刘少杰：《网络化时代社会认同的深刻变迁》，《中国人民大学学报》2014 年第 5 期。
② 宋辰婷：《网络时代的感性意识形态传播和社会认同建构》，《安徽大学学报》（哲学社会科学版）2015 年第 1 期。
③ 邓志强：《网络时代社会认同的时空转换——基于时空社会学的分析视角》，《人文杂志》2014 年第 8 期。
④ 邓志强：《网络时代社会认同的时空转换——基于时空社会学的分析视角》，《人文杂志》2014 年第 8 期。
⑤ 张荣：《互联网时代的社会认同整合机制研究》，人民出版社，2018，第 24 页。
⑥ 李海芹、张辉、张承龙：《网络公益社会认同影响因素及产生机制研究》，《管理评论》2019 年第 1 期。

同于现实空间的交往圈子，微博中的群组关系划分对于强化使用者的群体认同具有正面效用。[1]

综合来看，学术界对于"网络群体认同"的研究力度较小，对于"网络自我认同"的研究相对较多，且观点较为明确。从互联网时代的社会认同危机探究不难发现，网络社会认同"危"中有"机"。因此，既要充分利用互联网的巨大优势，又要防范网络带来的各种危机，从而完善互联网时代社会认同的相关研究。

3. 网络空间的社会资本

30 多年来，中国社会网络与社会资本研究领域取得了长足的进步与发展，社会资本成为构建和谐社会过程中的社会整合与协调手段。[2] 伴随互联网技术的不断革新，网络空间的社会资本成为学术界关注的一个较新的研究方向。

以下是学术界比较主要的观点：第一，互联网对社会资本的影响，存在多面向的关系，目前尚未形成一个普遍认同的结论。[3] 第二，一些学者尝试通过定量分析与抽样调查等方法对互联网与社会资本之间的关系进行研究。许丹红利用中国家庭动态跟踪调查数据与中国各省区市统计年鉴数据进行多层次分析，研究表明，互联网的社交使用更能增加网络社会资本。[4] 来向武等人采用多元分析法，通过对 23202 个样本进行效应模型分析，发现互联网类型、使用者身份类别、抽样方式、发表偏见等 6 个因素都显著影响互联网使用对社会资本的获得。[5] 钟智锦通过对广州 10 所大学进行 1017 份随机抽样问卷调查发现，浏览网页对大学生的网络弱关系和现实社会资本有显著的

① 陈华明、李畅：《个体群组关系的构建：微博中的群体认同研究》，《四川大学学报》（哲学社会科学版）2012 年第 3 期。

② 张文宏：《中国社会网络与社会资本研究 30 年（上）》，《江海学刊》2011 年第 2 期。

③ 黄荣贵、骆天珏、桂勇：《互联网对社会资本的影响：一项基于上网活动的实证研究》，《江海学刊》2013 年第 1 期。

④ 许丹红：《互联网使用动机、网络密度与网民社会资本》，《青年研究》2016 年第 6 期。

⑤ 来向武、任玉琛：《中国互联网使用对社会资本影响的元分析》，《新闻与传播研究》2020年第 6 期。

积极作用，网络游戏能够建立起有质量的社会关系，但这种网络社会交往亦会侵蚀真实生活的社会资本。① 总而言之，互联网对社会资本的影响具有积极与负面的双重效应。唐莉芳利用虚拟社区平台并采用 SEM 技术对所建构的理论模型进行分析研究，发现在网络群体成员的关系网络中，社会资本对网络群体行为具有正向影响作用。② 第三，有学者从微观角度入手，将互联网众筹模式与网民社会资本相结合进行研究。胡敏认为，社会资本离不开社区的存在，而互联网社会的诞生表现出不同于线下社区的新特征，网络众筹模式以兴趣为基础、以技术为支撑，扩大了社会网络空间，同时也拓宽了社会成员进行资本运作的途径，促使"线上"与"线下"社区相辅相成、不可分割。③ 刘征驰等通过构建异质性社会资本影响互联网众筹绩效的理论模型，得出结论：新兴互联网技术有效降低了信息收集成本和行为监督成本，促使社交资本与社群资本都对众筹绩效有正向影响。④ 综上，互联网对社会资本的正面效应相对大于其负面效应，充分发挥互联网对社会资本的积极效应，有利于互联网时代社会整合的良性运转。

4. 网络空间的社会交往

伴随互联网技术的迅猛发展，中国社会逐渐进入一个社会分化程度较高的时代，这是现代化发展的必然结果。互联网的发展既为社会整合模式中社会交往的革新创造了机遇，同时也提出了挑战。

国内学术界对于网络空间的社会交往研究主要集中于两种观点。第一，互联网对社会交往的积极效应。有学者指出，互联网的不断发展推动人际交往愈加平等透明、人际交往方式逐渐丰富多样，同时大大降低了人际交往的

---

① 钟智锦：《互联网对大学生网络社会资本和现实社会资本的影响》，《新闻大学》2015 年第 3 期。

② 唐莉芳：《社会资本对网络群体行为影响的理论和实证分析》，《商业经济与管理》2016 年第 2 期。

③ 胡敏：《互联网众筹模式与网民社会资本关系研究》，《新闻研究导刊》2016 年第 9 期。

④ 刘征驰、周莎、马滔：《异质性社会资本对互联网众筹绩效的影响研究——以"众筹网"为例》，《科研管理》2019 年第 7 期。

时空成本。① 网络空间的社会交往展现出超时空、超国界、超文化的特征优势。② 亦有学者通过数据调查发现"开放型"受众群体的媒介信息处理能力显著高于"封闭型"群体，这在一定程度上表明社会民众的信息处理、人际交往能力与网络空间的发展呈正相关趋势。③ 此外，张军锐基于人与媒介的基本逻辑关系，通过分析数字传播技术与社会民众之间交往方式的互动影响，力图求证媒介拓展了社会成员主体性的动力机制，同时推动了作为交往主体的普通人在技术演化进程中逐渐实现交往自由与价值重构。④ 第二，互联网对社会交往的负面效应。主要包括以下几点：其一，伴随网络社会的出现，网络交往打破了原有的社会学关于社区和社会划分的定论，宽松的网络管制环境逐渐使得一些社会成员丧失共同价值观和认同感。其二，揭示了网络社会交往对日常社会交往的冲击，例如"数字鸿沟"造成新的社会分化。⑤ 其三，越来越多的社会成员对网络的依赖程度提升，并与民众的疏离感与孤独感呈正相关关系，⑥ 进而使得社会纽带的效用逐渐减弱。

　　国外学术界对于网络空间中社会交往的研究主要集中于三大方面。第一，网络使用行为与社会联系的相关性研究。其主要包含如下四个观点：其一，具有相关性，且二者之间呈正相关关系。一方面，互联网的使用克服了社会交往时间和空间的限制，使闲暇时间不匹配和地理上相对较远的社会成员之间建立社会联系；另一方面，互联网的一些特征，如匿名性、去身份性

---

① 张艺：《网络对青年社会交往的正负效应》，《人民论坛》2016 年第 35 期。
② 郑生勇：《网络虚拟社区中大学生社会交往的特点及其干预策略》，《浙江师范大学学报》（社会科学版）2014 年第 2 期。
③ 李亚妤：《互联网使用、网络社会交往与网络政治参与——以沿海发达城市网民为例》，《新闻大学》2011 年第 1 期。
④ 张军锐：《颠覆与重构——数字交往时代的主体性研究》，博士学位论文，上海大学，2016，第 1 页。
⑤ 江苏省哲学社会科学规划办公室：《网络对社会交往行动的影响》，《江苏社会科学》2006 年第 2 期。
⑥ 姜永志、王晓超、白晓丽：《手机移动互联网依赖与大学生社会交往能力的关系》，《教育生物学杂志》2015 年第 1 期。

等，有助于社会成员建立新的社会联系。① 其二，二者之间呈负相关关系，亦即互联网使用行为导致网络沉溺，进而导致社会联系网络的缩小以及社会孤独和抑郁的增加。其三，不具有相关性。其四，一种相对综合的观点认为，是否具有相关性以及相关性的方向与网络使用行为的类型有关，有些网络使用行为（如发送邮件、网络连线）对增强社会联系是有积极作用的，而另外一些网络使用行为（如网上冲浪）是不利于增强社会联系的。② 第二，线上社会联系对线下社会联系的影响研究。主要观点如下：其一，线上社会联系对线下社会联系是有害的，因为总体上社会成员的闲暇时间是有限的，如果他们将更多的时间用于上网，也就意味着将减少同家人、朋友和同事加深联系的时间，由此造成所谓"互联网悖论"，即互联网作为一项旨在促进社会联系的技术，却事实上减少了线下社会联系。其二，与此相反的观点认为，互联网的使用和线上社会交往有助于社会成员建立线下社会联系，同那些不使用互联网的人相比，互联网使用者往往会花费更多时间同朋友和家人进行面对面交往，线上社会交往对维系线下社会联系具有积极作用。③ 第三，网络社区参与社会联系建设的质量研究。主要观点如下：其一，有研究认为，同线下社会联系相比，线上社会联系在创造社会归属感、社会支持等方面的质量相对较低。④ 其二，相反的观点认为，互联网使用行为，特别是在线交流，通过增加与朋友互动的时间，直接或间接地提高了友谊的质量。⑤

总体来说，学术界日益倾向于认为，在加强网络空间治理的背景下，互

---

① Lee S. J., "Online Communication and Adolescent Social Ties: Who Benefits more from Internet Use?" *Journal of Computer-Mediated Communication*, 2009, 14 (3): 509-531.

② Zhao S., "Do Internet Users have more Social Ties? A Call for Differentiated Analyses of Internet Use," *Journal of Computer-Mediated Communication*, 2006, 11 (3): 844-862.

③ Koku, E., Nazer, N., & Wellman, B., "Netting Scholars: Online and Offline," *American Behavioral Scientist*, 2001, 44 (10): 1752-1774.

④ Cummings, J. N., Butler, B., & Kraut, R., "The Quality of Online Social Relationships," *Communication of the ACM*, 2022, 45 (7): 103-108.

⑤ Valkenburg, P., & Peter, J., "Adolescents' Online Communication and their Closeness to Friends," Paper presented at the International Communication Association, New York, 2005.

联网推动社会联系建设的积极效应日益凸显，比如，1998 年提出互联网悖论的 Kraut 等在其后续研究中也承认，随着时间的推移，互联网使用行为与社会联系之间的负相关关系不再显著，那些使用互联网的人，无论是其当地的社交圈，还是其远距离社交圈，同之前相比都有了较大幅度的增长。①

综合分析学术界相关研究成果，可以得出以下结论：其一，涉及社会整合的著作与论文比较丰富，这表明随着社会日益多元化与不断分化，近年来如何实现良好的社会整合亦成为学界与民众关注的焦点。其二，多数关于社会整合问题的研究均是基于理论层面，而真正进行量化分析的研究较少。其三，对社会整合与社会分化的研究，多数是围绕"社会分层""阶层分化"而展开的总体性研究，而对社会某个领域展开的分化与整合的研究相对薄弱。其四，将互联网与社会整合相联系而展开研究的著作与论文数量仍然较少。

三　既有研究的不足之处简述

根据既有的相关研究成果探析，尽管与社会整合相关的学术成果较多，但针对互联网与社会整合问题的相关性而展开的研究尚有不足，主要表现在以下几方面。

1. 具体研究较多，系统研究相对较少

从既有的研究成果来看，相关研究多数集中于相对微观与具体的领域，缺少一定的整合性研究，比如多是对虚拟社区、网络趣缘群体、网络信息资源整合、微博治理等社会整合具体问题的探讨分析。同时，从互联网视角探究其对社会整合影响的相关研究目前仍处于起步阶段，而且研究动态随互联网的发展态势而不断改变，这无疑将给研究增加难度。

国内相关研究的著作和论文较少，通过读秀搜索书名"互联网"并含"社会整合"的著作仅有张荣的《互联网时代的社会认同整合机制研究》，

---

① Kraut, R., Kiesler, S., Boneva, B., Cummings, J., Helgeson, V., & Crawford, A., "Internet Paradox Revisited," *Journal of Social Issues*, 2002, 58 (1): 49-74.

主要是从社会认同角度论述互联网时代下的社会整合机制，而专门以"互联网对社会整合的影响研究"命名的著作至今没有。伴随现代化的发展，社会分化导致中国社会结构的急剧变化，因而，一定程度上需要在经验和理论上对互联网与社会整合进行系统研究，从而更好地促进社会的良性运行。

2. 研究多侧重于现象研究，缺少相对严谨的学理探讨

从既有的研究成果来看，当前学者侧重于对价值认同、数字鸿沟、信息茧房等现象的研究，理论概括相对偏弱，缺少从学理上辩证分析互联网对社会整合正负影响的相关研究。一方面，对互联网推动社会整合的研究相对较少；另一方面，对于互联网阻碍社会整合也只是就现象论现象，缺少深入和深刻的研究，且针对如何应对网络空间中的社会整合问题没有探寻出较好的、实用性强的路径。此外，对网络空间的社会认同、社会资本、社会交往等相关内容研究也尚未形成系统的理论体系，仍需更深入地探究互联网时代下社会整合的功能效用与社会定位。

3. 研究方法相对单一，定性与定量相结合的研究相对较少

从既有的研究成果来看，研究者侧重于对互联网视域下的社会整合问题进行定性分析，侧重于说理，相对缺乏图表和数据的定量支撑。这说明，当前关于互联网时代下的社会整合研究，除了浮于表面以外，只论述了互联网时代社会整合的"实然状态"，而并未以相应的数据、调查来佐证，这也是本书进行定性与定量研究的重要意义所在。此外，已有的研究多集中于对互联网发展历程、网络发展成就的梳理，相对缺乏互联网时代社会整合研究的数据支撑。

第二章

互联网时代社会整合思想的建构脉络

马克思说，"问题就是时代的口号，是它表现自己精神状态的最实际的呼声，"① 亦是理论创新与实践发端的"源"与"根"。如何进行社会整合，是人类历史文明演绎中的一个历久弥新的话题。不同的国家，在不同的历史阶段表征出不同的整合方式。伴随互联网的发展与普及，分化、差异和多元已然成为当今中国乃至世界的主导特征，探究中西方社会整合理论的历史渊源，深挖互联网之于社会整合的益处，对于维护国家稳定与革新社会整合意义重大。

第一节　社会整合思想的逻辑理路

何谓历史，历史是昔日之于将来的回响，是将来之于昔日的反思。因而，从历史维度探究中西方社会整合思想的发展脉络具有长远意义。古代中西方社会虽然没有明确提出"社会整合"这一概念，但是二者均具有代表性的整合思想，尤其以古代中国的"礼治""法治""礼法并治"思想和古代西方的"法治"整合思想较为典型。近代以来，面对高分化社会，西方学者在理论与实践上深入探索社会整合的不同模式，形成以斯宾塞、涂尔

---

① 《马克思恩格斯全集》（第四十卷），人民出版社，1982，第289页。

干、帕森斯等学者为代表的社会整合思想。新中国成立以来，根据时代特征，中国共产党先后采取了"行政主导型""利益协调型""网络协同型"等多种整合模式。这些模式重心突出、特征鲜明，从独特的视角展现了中国现代社会演化的历史进程。

一 新中国成立以来社会整合思想的发展路径

人类社会的发展是前进性与曲折性的统一。一国的发展决不能照搬别国的国体与政体，要切实依据本国国情制定相契合的体制和选择有效的发展模式。不同的社会发展模式反映不同的社会整合主体，社会整合主体采用各项方针政策、制度及其核心价值观等，将异质的、分化的各个社会客体纳入其结构体系中，即社会整合模式。新中国成立以来，我国积极探索适合本国国情并具有中国特色的社会整合机制，经历了"行政主导型""利益协调型"等多种社会整合模式，而社会整合模式的转变与社会结构的调整目的均是提高人民生活水平和促进社会和谐稳定。

（一）新中国成立初期"行政主导型"机械刚性的社会整合

新中国成立之初，由于国家面临着国外经济封锁和国内战后萧条的严峻形势，长期的战争阻碍了国家的经济发展，新生政权百废待兴。为了团结一切力量，"国家实行了最强大也最具高效性的政治动员与社会运动相结合的刚性社会整合"。[①] 而数十年战争固定下来的"以阶级斗争为纲"则成为这一时期机械刚性的社会整合的主要基调。"在阶级斗争中，不是运用有效的制度机制，而是直接诉诸人民的力量，以人民群众为动员对象，以容纳全体社会成员广泛参与的政治运动——'大民主'为政治动员的主要形式。"[②] 建国初期，行政主导型的社会整合模式表征为意识形态一元化与政社合一的集权式的高度整合。

---

① 张番红：《转型期我国社会整合研究——基于马克思主义视角》，中国社会科学出版社，2016，第163页。

② 王邦佐等：《执政党与社会整合：中国共产党与新中国社会整合实例分析》，上海人民出版社，2007，第24页。

从政治运动的社会整合视角观察，新中国成立初期，在城市中社会整合通过单位制而实现，伴随社会主义改造的基本完成，国家近乎将各城市的经济组织都纳入政府行政系统中，单位不再具有个体利益，而表征为国家利益与国家目标。在农村中建立了高度集中的政治经济一体化的人民公社体制，其特征是"政社合一"。到 1958 年 11 月，全国各地 74 万多个高级农业生产合作社全部改组成人民公社，除了极偏远的部分少数民族和深山老林中的猎人以外，全国 99.1%的农民被组织在 26.5 万个人民公社中。[①] 无论是单位制还是人民公社均是机械刚性的以行政权力为主导的社会整合模式。在这种模式下，社会成员的身份地位较为固定，社会流动性较弱，因而易导致社会结构固化，封闭社会发展空间和丧失社会发展动力。"有整合无分化，社会必然冻结。对社会进行整合是必要的，但过度整合却是可怕的。"[②]

历史实践证明，这种社会整合模式是特殊历史时期的特殊产物，不可否认，其在当时的国内国际背景下起到了团结一切力量、维护社会稳定和巩固国家政权等积极作用。另外，高度刚性的社会整合严重阻碍社会生产力的发展，导致社会机构僵化、社会矛盾加重。中国社会成为一个"具有较强同质性的总体性社会"。[③] 因此，绝不可视其为一种常态化的整合范式。同时，"社会矛盾的加重和升级，为新的利益格局形成提供重要契机"。[④] 改革开放前"行政主导型"机械刚性的社会整合模式的革新迫在眉睫，新的适合改革开放道路的具有中国特色的社会整合模式呼之欲出。

（二）改革开放以来"利益协调型"有机柔性的社会整合

1978 年党的十一届三中全会的召开开启了改革开放和社会主义现代化建设的历史新时期。中共中央在此次会议上确立了从"以阶级斗争为纲"

---

① 王邦佐等：《执政党与社会整合：中国共产党与新中国社会整合实例分析》，上海人民出版社，2007，第 84~85 页。

② 吴晓林：《现代化进程中的社会分化与整合》，《河南大学学报》（社会科学版）2012 年第 3 期。

③ 孙立平：《转型与断裂：改革以来中国社会结构的变迁》，清华大学出版社，2004，第 5~6 页。

④ 吴忠民：《社会矛盾倒逼改革发展的机制分析》，《中国社会科学》2015 年第 5 期。

转移到"以经济建设为中心"的工作重心，并提出要依据实际国情，改革同生产力发展不相适应的生产关系和上层建筑。这标志着整合中国社会的重心由政治转向经济、由精神转向物质。社会整合的核心要素是"利益关系"的调适，共同利益与个体利益的调节是社会一体化的主要根基。改革开放以来的社会整合模式主要是党领导下"利益协调型"的有机整合。

在经济整合方面，以家庭为单位，向集体组织承包土地等生产资料的家庭联产承包责任制在农村确立。由此，极大地解放了农村生产力，为其提供了充足的发展动能，"1979～1984年，农业总产值增长355.4%，比1978年前26年的年均增长率高1.8倍"。[1] 在城市中，施行放权让利的改革试点，转换经营模式，公司制逐步改制成为国有企业改革的主要模式。与此同时，伴随经济日益中心化，出现了"老板""师傅"等以经济地位而加以区别的称呼。此外，经济特区的创建成功，有效地解放了人民保守的经济观念和意识，加强了社会资源流通和社会成员流动，对经济的恢复与发展起到了有力的整合效用。

伴随利益分化与社会结构的多元化，多元流动已然成为社会发展的必然趋势。因而，完善国家制度建设是一个国家经济健康发展和社会良性运行的重要保障。党的十四届三中全会指出"必须坚持以公有制为主体，多种经济共同发展的方针"。[2] 党的十五大第一次明确提出"公有制为主体、多种所有制经济共同发展，是我国社会主义初级阶段的一项基本经济制度"。[3] 随着基本经济制度的确立，其他诸如多种分配制度、救助保障制度、基本医疗保险制度、养老保险制度和住房商品化制度等应运而生，这些制度既满足了社会多元化发展的需求，又保障了不同社会阶层、社会群体的相关利益，化解了许多原有的社会纠纷和矛盾，有效地加大了社会整合的力度，为高分化高整合社会打下了较为坚实的根基。

---

[1] 柳建辉、陈述主编《中国共产党的历程》（第三卷），河南人民出版社，2001，第199页。
[2] 《中共中央关于制定国民经济和社会发展第十三个五年规划的建议》（辅导读本），人民出版社，2015，第225页。
[3] 何毅亭：《论中国特色社会主义制度》，人民出版社，2020，第35页。

改革是对社会利益的再调整，是全方位社会整合的实践与探索，亦是对社会整合的机制革新与完善。改革开放后，社会整合机制从行政主导型转向利益协调型，从绝对静态转为相对动态，行政整合趋于弱化，法律、制度整合功能逐渐增强。整合方式由机械单一化转向有机多元化，利益主体的多样化带来思想意识的多元化，人们开始自由地各取所需并"约定俗成"地形成了共同规范。这种整合模式有效地维护了社会秩序，推动了国家经济的高速发展，对中国社会发展进步具有重大意义。

（三）21世纪以来"网络协同型"多样化的社会整合

21世纪以来，伴随全球化的纵深推进和网络信息技术的高速发展，互联网在加速社会多元分化的同时也为社会整合带来了新的协同拓展方式。方兴东等人从技术、商业和媒体的层面将中国互联网 25 年的历史划分为三个阶段，其中第二阶段以 BAT（百度、阿里和腾讯）崛起为代表，以 Web2.0 为特征的 21 世纪的起始年 2001 年为起点，经历时长大约为 7 年，互联网进入社会化阶段。[①] 2006 年《时代周刊》年度风云人物颁给了所有网民，这一事件标志着互联网真正从 PC 和手机等机器互联走向以人为本的人的互联时代。[②] 陈建功、李晓东将 2006 年至今概述为中国互联网发展的社会价值凸显期，互联网推动社会进入"人即传媒"时代。[③] "这一阶段，在自媒体等的推动下，政府开始探索互联网的治理之道，寻求社会治理与网络民意合理、和谐的互动模式。"[④] 这一阶段的社会整合模式表征为在党的领导下充分发挥网络协同整合功能的多样整合模式。

互联网时代社会发展最显著的特征即社会分化，其表征为社会异质性增强、社会不平等程度扩大和社会贫富差距等要素差距逐步拉大。与此同时，社会阶层分化的不断加速和就业渠道的逐渐多样化，充分彰显出利益个体与利益群体的主体多元化模式，利益主体地位逐渐由从属走向平等。

---

① 方兴东、陈帅：《中国互联网 25 年》，《现代传播》2019 年第 4 期。
② 方兴东、陈帅：《中国互联网 25 年》，《现代传播》2019 年第 4 期。
③ 陈建功、李晓东：《中国互联网发展的历史阶段划分》，《互联网天地》2014 年第 3 期。
④ 陈建功、李晓东：《中国互联网发展的历史阶段划分》，《互联网天地》2014 年第 3 期。

随着网络的逐步普及，互联网也成为全体公民便捷的政治参与工具，人民利益诉求渠道便捷化、政治参与主体广泛化和政治参与渠道多样化等都显现出网络的独特优势。然而，在享受网络便捷化的同时，也出现了许多网络偏激、虚假、跟风等消极表象，这些表象极易引发舆论暴力、危害社会秩序，进而影响社会整合。基于此，要不断增强制度容纳利益冲突的能力，完善相关法律制度，构建多维度的民意表达渠道，从而更加有效地实现社会整合。

2004年党的十六届四中全会通过的《中共中央关于加强党的执政能力建设的决定》指出："高度重视互联网等新型传媒对社会舆论的影响，加快建立法律规范、行政监管、行业自律、技术保障相结合的管理体制，加强互联网宣传队伍建设，形成网上正面舆论的强势。"[①] 这是中国互联网历经10年发展，国家首次明确提出的互联网管理方针，这对于维护网络社会秩序和实现良好的社会整合具有重要意义。党的十七大明确提出"加强网络文化建设和管理，营造良好网络环境"。[②] 党的十八大后，习近平总书记高度重视互联网之于社会整合的作用，与此同时，习近平新时代中国特色社会主义思想是马克思主义中国化的最新成果，具有无比强大的凝聚力、引领力，其重要的社会整合功能主要体现在四个方面：奋斗目标的整合、民情民意的整合、理想信念的整合与领导主体的整合。[③] 在党的十九大报告中，涉及"互联网"的内容逐步增多，有八处提到"互联网"，涵盖网络安全、网络文化和网络管理等多个方面。这进一步表明党和国家愈加重视互联网之于社会发展和社会整合的重要效用。

总而言之，21世纪以来的中国社会整合贯穿中国特色社会主义建设的全过程，与中国特色社会主义建设过程相辅相成、互为条件并互为统一。"没有社会整合，中国特色社会主义建设就无法顺利进行，没有中国特色社

---

① 《中共中央关于加强党的执政能力建设的决定》（辅导读本），人民出版社，2004，第30页。
② 《中国共产党第十七次全国代表大会文件汇编》，人民出版社，2007，第44页。
③ 颜廷平：《习近平新时代中国特色社会主义思想的社会整合功能》，《中共山西省委党校学报》2019年第3期。

会主义建设，社会整合就没有依托。"① 同时，"新常态下我国的社会整合研究有助于促进社会稳定和持续发展，并着力服务于 2020 年决胜全面建成小康社会"。②

二 现代西方学术界社会整合思想的演进路径

"社会整合"的概念源自近代西方，其对应概念是"社会分化"。伴随人类历史的演进与发展，工业革命的爆发加速了社会的发展进程，进而打破了社会原有的相对平衡稳定的状态，在加速经济发展的同时也产生了大量的社会矛盾。因此，为了消除这些矛盾，维护社会的良性运转，有必要对国家与社会进行系统的整合。近代以来，面对高分化社会，西方学者在理论与实践上深入探索社会整合的不同模式，形成以孔德、斯宾塞、涂尔干、帕森斯等学者为代表的社会整合思想。

孔德作为现代社会学的创始人，他最先提出和使用了"社会学"（sociology）一词，并力图将其建设成为一门研究社会的实证科学。关于作为一门学科的社会学的研究对象和范围，孔德指出，"社会作为一个相互联系的整体，只有它的各个部分彼此和谐一致，才能发挥作用。社会的任何部分都离不开社会的整体"③。正是孔德"在进行社会学研究的过程中，提出了社会有机体理论的重要思想，他采用了社会与生物有机体进行类比的方法，认为社会如同生物有机体一样是一个有机的统一整体"④。与此同时，"他把社会看作是一个有机体系统，各部分彼此保持着联系，而且这种联系'始终应当是社会系统各部分及其整体之间的一种自发的和谐'"⑤。针对社

---

① 贾绘泽：《邓小平理论与当代中国社会整合》，博士学位论文，河北师范大学，2008，第192 页。
② 张番红：《转型期我国社会整合研究——基于马克思主义视角》，中国社会科学出版社，2016，第 170 页。
③ 贾春增主编《外国社会学史（第三版）》，中国人民大学出版社，2015，第 24 页。
④ 李本松：《孔德的社会有机体思想探析》，《广播电视大学学报》（哲学社会科学版）2006年第 4 期。
⑤ 贾春增主编《外国社会学史（第三版）》，中国人民大学出版社，2015，第 27 页。

会分工和道德离散导致的阶层分化与对立,孔德从三个主要方面提出了重建社会秩序的方案,即"一是爱和道德,二是政治权威,三是社会分工"①。他还指出:"家庭作为社会的最基本成分,与其他社会组织和单位一起,组成整体社会或集体有机体。"② 孔德关于社会整合的论述相对抽象,其主要表征是在社会整合中强调爱和道德的效用,他对于社会发展的阐述仍是从思想层面展开的。

斯宾塞从"社会有机体论"的视角对社会整合展开探索。斯宾塞以社会有机体学说而著称,他在其社会有机体理论中初步论述了社会整合思想。斯宾塞强调,当社会进入高分化阶段,这种整合管理系统的主要功能则用于调节控制社会内部关系,诚然这种变化与社会结构分化和复杂化相关。"社会结构系统分工"是斯宾塞考察社会整合问题的另一个重要视角,他提出:"社会有机体如同单个有机体一样,机能的均衡引起了结构的均衡。"③ 由此不难看出,斯宾塞所认为的社会有机体在良好秩序中展开进化,主要在于社会分工不被干扰,社会各组成部分各司其职地进行整合。有学者曾说,"只有到了斯宾塞的时候,生物学的新发展,才使他有可能利用这种新成就来类比人类社会,提出了一个比较完整的、有系统的'社会有机体论'"④。

斯宾塞虽然继承和发展了孔德的社会有机体论思想,但是,二者的思想亦有不同之处。"孔德提倡集体主义,主张个人服从社会整体;斯宾塞则宣扬个人主义,强调社会服务于个人。从理论上讲,个人主义和社会有机体论之间存在某些不一致的地方,斯宾塞则竭力将它们调和起来,认为私人利益和公共利益是基本一致的。"⑤ 伴随网络技术的迅猛发展,社会进入高分化阶段。与此同时,互联网社会已然成为一个新的社会有机体。因此,从

---

① 李红松:《现代化进程中的社会分化与社会整合》,博士学位论文,中共中央党校,2015,第3页。
② 贾春增主编《外国社会学史(第三版)》,中国人民大学出版社,2015,第26页。
③ 〔英〕赫伯特·斯宾塞:《第一原理》(纽约英文版),1910,第440页。
④ 岳麟章:《从马基雅维利到尼采:西方近代政治思想史》,陕西人民出版社,1989,第414页。
⑤ 黎民、张小山主编《西方社会学理论》,华中科技大学出版社,2005,第41页。

"社会有机体论"的视角切入，探究互联网如何发挥独特优势进而对社会整合产生影响具有重要意义。

在西方学术界，涂尔干被认为是最早明确提出"社会整合"概念并将之用于研究社会问题的社会学家。① 涂尔干社会学的核心思想"就是如何来恰当地理解和有效地解决 19 世纪西方发达国家从前工业社会向工业社会转型过程中所遭遇的各种危机进而达到社会整合"②。涂尔干毕生专注的领域即社会的整合问题。但在他的话语体系中这一问题被称作"社会团结"。涂尔干将社会团结的类型分为机械团结和有机团结两个部分。伴随社会分工的不断发达，依托机械团结的传统社会必然发展成以有机团结为基础的工业社会或信息社会，但是无论个体意识和集体意识的涵盖幅度与力量如何变化，社会整合的根本地位都不会动摇。此外，涂尔干并不认为现代工业社会不会因为传统道德信仰的重要性被削弱而走向瓦解。

帕森斯则从结构功能主义视角探究社会整合模式，他所创立的一般行动体系理论中的 AGIL 模式对应于有机系统、行动者系统、社会系统与文化系统。③ AGIL 代表着社会的四个基本功能要求，也是社会生存的四个基本条件。因为社会整合可以"调整和协调系统内部的各套结构，防止任何严重的紧张关系和不一致对系统的瓦解"④，帕森斯认为，社会整合是和谐社会的基础，并指明整合包含两种意义，即"一是体系内各系统的和谐关系，使体系达到均衡状态，避免变迁；二是体系内成分的维持，以对抗外来的压力"⑤。

---

① 由于有关涂尔干与帕森斯的社会整合思想已在第一章较为详细论述，因此本节只做简要概括，不再展开叙述。

② 岳天明：《西北民族地区社会创造活力与和谐社会建设研究》，民族出版社，2016，第 108 页。

③ 张番红：《转型期我国社会整合研究——基于马克思主义视角》，中国社会科学出版社，2016，第 58 页。

④ 〔美〕安东尼·M.奥勒姆：《政治社会学导论——对政治实体的社会剖析》，董云虎等译，浙江人民出版社，1989，第 114 页。

⑤ 中共中央宣传部理论局马克思主义理论研究和建设工程办公室编《2007 年马克思理论研究和建设工程成果选编》，学习出版社，2008，第 121 页。

伴随互联网技术的高速发展，社会进入高分化阶段的同时，也进入互联网时代。因此，学习近代西方学术界的社会整合思想，汲取其中的营养成分，对于在现代社会转型过程中，探究互联网的独特优势进而对社会整合产生积极效用具有重要意义。

第二节　互联网时代革新社会整合的必要性

伴随互联网与智能手机的普及，互联网时代公民信息需求呈爆炸性增长。互联网技术的快速变革为社会资源整合提供了充足动力，信息巨量化为民众提供了便捷的信息获取渠道和多元的信息内容。伴随传统社会整合模式的逐渐乏力，社会不确定因素的与日俱增和社会异质性的逐步增强，互联网以其独特优势推进社会整合的全方位革新。随着工业 4.0 战略的实施，数字经济所占比重日益增长，5G 网络加快发展。合理有效利用互联网的优势、推进社会整合革新是时代发展与进步的必然要求。

一　互联网时代公民信息需求的爆炸性增长

信息技术的不断发展推动了日常生活的深层次变革，公民的信息需求随着互联网时代的发展呈现爆炸性增长的态势。公民的信息需求，在数量、结构与心理等层面都呈现与以往时期不同的特征。在信息量大幅增长的背景下，社会整体理性意识的增强推动公民更加关注信息的来源、可靠性与质量，而不是盲目地接收一切外部信息。互联网时代公民需要接收的信息已经呈几何级增加。而从公民信息需求的心理学来分析，其已经由社交需求上升到自我需求，也就是人的心理需要的最高层次，并形成一定的心理依赖和行为偏好。

（一）全球网民数量呈爆炸性增长趋势

自农业社会发展到当前的信息社会，之前没有任何一个时代能够像当今时代一样产出如此巨量的信息和知识，当今时代的信息传播与更新速度亦是以往任何时代无法比拟的。信息时代的另一个重大变化是人们的求知欲望被普遍激发，求知需求成为一个创新社会的生命源泉。

互联网时代网民数量的迅速增加带来信息需求量的爆炸性增长，生活高度网络化使得公民对网络的依赖度越来越高，公民日常生活已经与网络高度贴合，甚至可以说，现代社会中的人已经被网络化，脱离了网络生活其本身将难以适应。在高度网络化的社会，网民数量持续增长，相应的信息需求量也不断增加，特别是对于发展中国家来说，网民规模增加的数量和幅度都远远高于发达国家。第 46 次《中国互联网发展状况统计报告》显示，截至 2020 年 6 月，我国网民规模达 9.40 亿，较 2020 年 3 月增长 3625 万，互联网普及率达 67.0%。①巨量的网民构成了中国迅猛发展的消费市场，同时也为数字经济的市场开拓打下了坚实的用户基础。就全球网民保有规模和增长规模来看，网络不再只针对特定群体，不同年龄阶段、学历层次和工作层次的网民都呈现整体增长的态势，老年人和农民工等群体也正在成为全球网民新的增长极。网民规模高速度增长带来的影响是显而易见的，全社会的高度网络化需要更庞大的信息数据的支撑，也需要信息技术的快速发展，这将加快推动信息社会、智能社会的发展，从而带来人类社会新的技术革命。

（二）民众网络需求已由社交需求逐步转向自我需求

全球网民数量的增加也伴随着网民结构的变化、网络覆盖率的不断提高，网民结构日益扁平化的同时，高素质网民的数量也在急剧增加。网络的功能表征为多元化，作用亦具有双面性。所谓的高素质网民是指能够高效利用网络工具的网民，即能够自主表达个人思想、弘扬社会正能量、代表网络社会新发展的网民群体。相反，沉溺于网络游戏世界、交友世界，甚至被错误信息误导、煽动的网民群体则是低素质网民。在高速发展的互联网时代，随着网民个体素养的提高，需要的信息数据质量越来越高，对信息的甄别能力也越来越强，因而，对于信息的需求结构和质量也在发生变化。网民素养的提高主要在于其对网络信息质量要求的提升，在信息筛选环节，高素质网

---

① 中国互联网络信息中心：第 46 次《中国互联网发展状况统计报告》，2020 年 9 月，第 1 页。

民能够更多地从网络世界中汲取有益养分，相反，低素质网民则更容易陷入网络虚假世界之中而不能自拔。对于纷繁复杂的网络世界和数量庞大的网络数据，如何表达信息需要以及如何进行信息筛选是一个至关重要的环节，在网民数量和网络数据需求量高速度井喷式发展的今天，公民信息需求的结构变化尤其需要加以重视。此外，提高高素质网民的结构性比例，发挥高素质网民引领社会发展的积极功能，使网络工具造福于社会和满足人民需要，这也是解决人民日益增长的美好生活需要和不平衡不充分的发展之间的矛盾的关键一招。

在不断发展的互联网社会，网络文化已经由非主流文化、亚文化、次文化上升为主流文化，包括网络话语、网络形象等都已经深入人心。在网络文化的快速传播下，网络中的个体更容易被网络化，这是网络空间中的群体趋同效应。网络文化的形成加速了网络的快速普及，带来了社会生活的技术性变革。更为重要的是，公民对于网络的态度已经逐渐从被动适应转向主动接受，依据需求的心理学来分析，已经从社交需求发展为最高层次的自我需求，也就意味着普通民众已经越来越适应互联网时代并主动地融入网络世界之中。按照马斯洛需要层次理论，人的需要从低到高可以分为生理需求、安全需求、社交需求、尊重需求和自我实现需求，核心是个人从基础的物质需要向更高层次的精神需要的转变。所谓的社交需求是人作为社会性动物在情感和归宿上对交往的需要，而最高层次的自我实现需求是指能够实现个人的理想和抱负，能够将个人的天赋和能力发挥到最大限度，最终使个人价值得到最大体现。对于网络世界中的个人来说，网民对于信息的收集和获取已经不再局限于简单的交往，而是通过网络逐步展现个人思想，发挥个人优势，实现个人价值。在不断更新的网络文化的推动下，社会生活中的个人受到的影响已经越来越深，网络虚拟世界与个人精神世界的契合也带来人的数字异化，这是互联网时代人本身所发生的本质变化的哲学化体现。互联网时代的信息爆炸带来的是机遇亦是挑战，大数据技术的发展为分析网民的行为习惯、偏好等提供了重要参考，有利于宏观决策的制定，但同时数据滥用和信息传播的无序也带来了一系列社会矛盾和问题，因而对待爆炸性的公民信息需求应该采取更加审慎的态度，在合理利用这一趋势的同时也要有效规避其潜在的风险。

二　传统社会整合模式日趋乏力

随着网络技术的快速革新与不断变革，社会结构分化的趋势也不断深化，随之而来的是利益格局不断变化、利益差距日益拉大和价值观多元分化趋势加深。传统的社会整合模式逐渐式微，已无法有效解决多元化社会带来的复杂的社会矛盾。

第一，传统社会整合主体支配地位日益弱化。在原始社会中，社会整合主要以血缘关系为基础，氏族与部落等血缘团体担负着社会整合的主要任务。人类社会进入文明时代后，以政治权力为中心的统治阶级和国家成为社会整合的主体，但这一时期仍处于农业时代，因而以专偶制家庭、宗族等为基础的血缘团体仍是社会整合的主体力量之一。传统社会同质性强、异质性弱，以血缘关系为基础的血缘团体对维护传统社会秩序、实施社会整合起到了关键作用。新中国成立后，以"单位制"为基础的职业共同体成为社会整合的主要力量，随后社会整合主体表征为血缘、地缘和职缘等多元并存的局面。伴随网络技术的快速发展，社会整合的主要手段将由社会动员逐渐转变为信息技术和科学知识，掌握博学知识和信息的自由人联合体将成为社会整合的主体。与此同时，网络技术把离线逐步变成在线，传统的社会整合主体逐步弱化，以微信为例，截至 2019 年，微信用户人数已达 11.2 亿。"在线"已然成为一种基本的社会互动方式，"朋友圈"成为一种非正式的社会组织，新生代是数字原住民并已然成为社交媒体的代名词。伴随云计算、大数据、区块链、5G 技术的飞速发展，网络科学技术愈加成为推动经济社会发展的主要力量，创新驱动乃大势所趋。互联网和智能手机广泛普及，人们的个性化需求愈加迫切，这已经成为当今中国社会基本矛盾中"美好生活需要"的重要组成部分。就社会阶层结构而言，主要表现为阶层的过度分化与阶层凝固看似相悖却又真实存在的两个层面。随着智能时代的到来，社会阶层将会分化出更多的新兴阶层。与此同时，随着单位制的解体，社区的凝聚功能减弱，社会成员多处于分散化与原子化的状态。由此，传统的社会整合模式将难以为继，其机制已不适应网络时代的革新速度，依靠互联网数字信息技术来满足人们的个性化需求以及公共服务需求已成为社会发展的必然趋势。总而言之，要按照习近平总书记所指出的，"善于运用互联网技术和信息化手段开展工作，增强科学发展本领"①，共同致力于社会整合的良性运行。

第二，传统主流媒体的社会整合核心地位淡化。伴随智能时代的到来，社会群体利益加剧分化，矛盾凸显，新媒体、多媒体和自媒体技术的快速发展，促使社会逐步向多元化、离心化转型，网络智能技术的发展为社会成员提供了巨量的信息选择，传统主流媒体的社会整合核心地位逐步淡化。随着社会成员个体意识逐步增强，传统主流媒体所建立的同质性较强的社会规范与价值观已不能适应多元化社会的发展态势。以"抖音"和"今日头条"为例，基于互联网大数据、云计算和特殊算法的 App 平台为社会成员提供了较为精准的用户信息私人推送服务，其通过手机的浏览记录推测出个人的喜爱偏好，筛选出符合个体需求的信息，每个社会成员独处在自身的"信息茧房"而大大缩小了与公众接触的渠道范围。同时，伴随"90 后"和"00 后"市场需求的扩大，大多数青年群体专注于以"信息娱乐"为主的自媒体报道，较少关注甚至隔绝传统主流媒体较为严肃的公共议题报道。自媒体精准化信息推送成为媒体时代的主流，传统主流媒体的社会整合核心地位逐步淡化。

第三，传统社会组织的单一化已不适应网络时代的多元模式。"微观的个人与宏观的社会之间无法通约，只有通过群体、组织等媒介，才能将微观与宏观这两极有机地联系起来。"② 改革开放之前，单位制和人民公社化运动是城市和农村的主要社会整合组织，其在协调社会成员利益和维系社会稳定中发挥着有力作用。改革开放以来，随着商品住宅的大力开发和

① 《中国共产党第十九次全国代表大会文件汇编》，人民出版社，2017，第 63 页。
② 晏荣：《现阶段中国面临的社会整合难题与解决思路》，《科学社会主义》2014 年第 4 期。

众多城中村的拆迁，居委会和村民自治委员会理应担负起社会整合组织的重任。然而，由于网络时代的到来，社会成员呈原子化状态生存，这些社会力量并没有因国家的放权而发展起来，面对互联网技术的快速革新，现阶段中国社会整合主体呈现"弱组织"的状态。传统的社会组织已不能适应社会的更新变革速度，以"微信群"为代表的新型网络社会组织逐渐成为个人与整个社会之间的重要媒介纽带。社会成员依托互联网平台打破时空限制，凭借共同的爱好、兴趣等主题与其他社会成员联结形成各类网络社会趣缘群体。伴随互联网技术的快速发展，网络社会群体不断增多，其作为网络智能时代下的新型社会组织群体，逐渐成为社会整合主体的中坚力量。

互联网时代，伴随社会分化的加剧与阶层矛盾逐渐凸显，传统社会整合主体要致力于适应社会的快速转型，调适整合模式。传统主流媒体应吸取自媒体多元化的卓越经验，发挥主动性积极搭建网络公共话语平台，增强互动性抓住各种机遇，从而实现社会整合的不断优化。

三　应对未来社会不确定性发展的需要

网络时代的"信息爆炸"促使各行各业、社会成员趋向多元化发展，网络技术的快速更新与变革亦在逐步改变当今的社会结构。人类社会已由原始社会、农业社会、工业社会进入信息社会，已由工业1.0蒸汽时代进入工业4.0智能化时代。2010年德国率先发布《德国2020高技术战略》，指出要把本国的工业体系向工业4.0推进，旨在提升制造业的智能化水平，其技术基础是网络实体系统及物联网。2015年国务院全面部署推进实施制造强国战略，以提质增效为重点、以推进智能制造为主攻目标，其中涵盖信息技术产业、新能源和工业智能化等多个领域，致力于推动中国到2025年基本实现工业化，迈入制造强国。工业4.0战略的实施在技术层面将推动数字化成为价值链更新换代的主要动力，在社会层面将逐渐影响整个劳动力市场人才供需关系，进而改变人才供需结构乃至整个社会结构。与此同时，第五代移动通信技术5G的发展，将会比4G的传输速度提升40~60倍，全面开启

"万物万联"的网络智能新时代。然而，互联网技术的快速变革在为社会发展提供巨大能量的同时，也为社会增添了更多的不确定性因素，网络社会的不确定性表征为信息的飞速传播与网络技术迅速的更新换代而引发的不稳定性，对互联网社会的快速发展缺少深刻清晰的认知，过于追求确定性而物极必反导致的不确定性等。此外，有学者指出"这种不确定性体现在网络陌生人的互动是以异质性而不是以同质性为基础的。这种异质性不仅仅体现在信息和现实中的社会位置和人际网络的差异性，同时体现在网络陌生人的混杂性"①。简而言之，社会流动的不确定性、社会变迁的不确定性、人际关系的不确定性、民生保障的不确定性与社会规则的不确定性等因素都给社会整合的良性运转带来了巨大挑战。

"网络社会秩序是动态的充满了不确定性的秩序"②，面对网络社会的不确定性，面对互联网时代科学技术的快速发展变革，各社会群体与社会成员要以积极的态度应对各种不确定性因素，要坚持底线思维做好战胜困难险阻的准备。与此同时，互联网具有搜寻便捷性、开放包容性和时空扩展性等优质特征，为了从容应对未来社会的发展，要充分利用"互联网+"的优势，努力丰富科学知识和多维度知识储备，逐步加强社会防范与管控机制、社会协调保障机制、社会监督机制、社会信任机制、社会缓冲机制和社会预警机制等的构建，化险为夷、转危为机，全面辩证长远地看待国家经济的发展，共同推动中国经济社会发展沿着正确方向破浪前行。

第三节　互联网时代革新社会整合的可能性

网络信息时代，以互联网革新社会整合何以成为可能，互联网又为社会整合提供了何种新的范式？从技术层面探究，网络技术的快速革新发展为社会整合提供了技术支撑；从社会动员层面探究，网民的巨量增加为革新社会

---

① 张杰：《"陌生人"视角下社会化媒体与网络社会"不确定性"研究》，《国际新闻界》2012年第1期。

② 刘少杰：《网络社会的不确定性冲突与化解原则》，《社会科学研究》2019年第2期。

整合提供了新的组织动能；从国家层面探究，现实国家权力的支持为互联网革新社会整合提供了较为宽广的公共空间。

一　技术变革驱动网络迅猛发展

在习近平新时代中国特色社会主义尤其是网络强国重要思想的指引下，中国网络事业取得瞩目成就，"2019 年，我国在区块链、5G（第五代移动通信技术）、人工智能、大数据、互联网基础资源等领域核心技术自主创新能力不断增强，产业融合加速推进。"[①]《中国数字经济发展白皮书（2020年）》指出，"2019 年，我国数字经济增加值规模达到 35.8 万亿元，占GDP 比重达到 36.2%"[②]，数字经济已成为中国经济增长的新引擎，其在国民经济中的地位进一步凸显。网络技术的快速变革为互联网时代下的社会整合提供新的有力的整合动力。

第一，将区块链定位为核心技术的主攻方向。习近平总书记在中央政治局第十八次集体学习中强调："要把区块链作为核心技术自主创新的重要突破口，明确主攻方向，加大投入力度，着力攻克一批关键核心技术，加快推动区块链技术和产业创新发展。"[③] 目前，该技术已从金融领域拓展到工业制造、政府管理等多个领域，日益成为实体经济"降成本""提效率"的重要工具之一。区块链被视为信任网络和价值互联网的奠基石，为网络对接双方建立信任基础的同时亦为社会整合的良性运转提供了有效信任保障。自面世以来区块链技术不断提升，"2019 年，我国重点探索区块链存储、智能合约、共识算法和加密技术等方面，全年分别累计公开有效专利 964 件、420件、101 件和 42 件。从底层平台技术代码开源角度来看，目前完全开源的底层平台有 13 个，占 15%；部分开源的底层平台达 47 个，占 54%"[④]。区块链技术的有效提升对于企业而言，能够保障企业网络业务的高效运营，提

---

① 中国互联网络信息中心：第 45 次《中国互联网发展状况统计报告》，2020 年 4 月，第 4 页。
② 中国信息通信研究院：《中国数字经济发展白皮书（2020 年）》，2020 年 7 月，第 3 页。
③ 蔡恒进主编《区块链：链接智能未来》，人民出版社，2020，第 56 页。
④ 中国互联网络信息中心：第 45 次《中国互联网发展状况统计报告》，2020 年 4 月，第 80 页。

升生产率进而拓展新的市场；对于政府而言，能够加大市场监管力度，不断提高政策制定水平和对外开放程度；对于社会而言，能够为社会成员提供愈加安全、优质的网络服务体验，进而提升整个社会的信任度，维护社会秩序和化解社会矛盾，实现社会整合的良好运转。

第二，充分释放 5G 技术新引擎动能。从 1G 落后、2G 追随、3G 突破、4G 同步到目前 5G 领先，中国通信技术行业的进步成为中国科技发展的一个缩影。5G 技术的领先并非一蹴而就，而是源于长久以来的不懈坚持和全球化历练。中国在 5G 技术领域已处于世界第一阵营，以华为、中兴等企业为代表，在研发和商业使用上已表现出较高的世界水准。"从申请的专利数量上看，截至 2019 年 11 月，华为声明的 5G 标准必要专利数以 3325 件排名世界第一，中兴通讯以 2204 件排名第五；从通过认证的专利数量上看，华为以 1337 件排名世界第四，中兴通讯以 596 件排名第七。"[①] 据专业人士推测，伴随 5G 的速率大幅提高、延时降低，其将极大地推动互联网、物联网、人工智能的发展，释放出巨大的发展动能，推进传统行业转型，有效地服务和支撑数字中国建设并逐步影响整个中国的社会结构。此外，相较于5G，区块链的点对点分布式系统会消耗大量网络资源，伴随体量的日渐增大，网络资源的消耗会巨量增加。5G 作为新一代移动通信网络比 4G 网络的传输速度快数百倍，从而大大提高共识算法的效率，进而推动区块链数据趋于极速同步传输，有效大幅提升区块链的性能，持续拓展该技术的应用范围。4G 改变生活，5G 改变社会。5G 带来的不仅是更高速的网络，还会对工业自动化、智能家庭和社会管理等各方面产生深刻影响。

第三，推动人工智能与大数据协同发展。习近平总书记指出，"人工智能是新一轮科技革命和产业变革的重要驱动力量，加快发展新一代人工智能是事关我国能否抓住新一轮科技革命和产业变革机遇的战略问题"。[②] "互联网的发展与人工智能的革新是密不可分的，互联网给人工智能提供了更快

---

① 中国互联网络信息中心：第 45 次《中国互联网发展状况统计报告》，2020 年 4 月，第 82 页。
② 《人工智能读本》编写组：《人工智能读本》，人民出版社，2019，第 16 页。

速、更便捷的知识共享的平台。"① 与此同时，2019 年我国人工智能企业数量超过 4000 家，位列全球第二。② 人工智能的语音识别技术、计算机视觉科技也为互联网的发展提供了有效的动力。大数据技术的不断革新与发展已使其成为新一代信息技术融合应用的核心，数据科学与人工智能的连接愈加密切，大数据与零售业、金融业、安防业和医疗健康等行业的融合越来越深，同时工业大数据正在成为传统企业转型的核心动力。在面对新冠疫情的冲击时，大数据与云计算相结合，实现信息精准计算与匹配，对及时化解社会危机与风险起到了重要的作用。

二　网民数量剧增提供整合动力

网络技术的飞速发展为互联网革新社会整合提供技术支持和时间契机，互联网的日益普及与优化为满足社会成员各种需求搭建了愈加公平、多元的公共平台。网民数量剧增为社会整合的革新带来了新的机遇与挑战。以"网络大 V""网络红人"等为代表的新型网络意见领袖的引导与动员，为互联网革新社会整合提供了愈加充足的动力。

（一）网民规模扩张态势迅猛

"网民"一词最早由米切尔·霍本创造，他将"网民"的概念分为两种："一种泛指任何网络使用者，不管这个使用者使用网络的意图为何；另一种指在广大网络社会（或环境）具有强烈关怀意识，以集体努力的方式建构网络社群的一群网络使用者。"③ 中国互联网络信息中心对"网民"的定义是："网民即互联网网民，指平均每周使用互联网至少 1 小时的中国公民。"④

根据中国互联网络信息中心公布的数据，截至 2020 年 3 月，我国网民规模达 9.04 亿，较 2018 年底增长 7508 万，互联网普及率达 64.5%，较

---

① 王磊：《互联网对中国劳动就业的双重效应及其完善》，《山东社会科学》2019 年第 12 期。
② 中国互联网络信息中心：第 45 次《中国互联网发展状况统计报告》，2020 年 4 月，第 83 页。
③ 沙莲香等：《中国社会心理分析》，辽宁教育出版社，2004，第 275 页。
④ 中国互联网络信息中心：第 1 次《中国互联网发展状况统计报告》，1997 年 11 月，第 3 页。

2018 年底提升 4.9 个百分点。① 与此同时，截至 2020 年 3 月，我国手机网民规模达 8.97 亿，我国网民使用手机上网的比例达 99.3%。② 当今世界已然进入网络化的大数据时代，网络技术、移动设备技术和通信技术的不断更新换代形成了高度复杂化的数据集合。近年来，我国网民规模也呈爆炸式迅猛增长趋势，互联网之于革新社会整合的主体是广大网民，大量网民的存在以互联网技术的创新为依托，同时网民群体也为社会整合的革新提供充足动力。

（二）网络动员整合能力凸显

根据麦奎尔"媒体具有动员功能"③ 的传播理论，互联网作为新媒体具备社会动员功能。网络社会动员是一种新兴的在互联网空间上延伸的动员方式，其在信息快速传播、受众引导和资源整合等方面具有独特的优势，互联网平台已然成为动员社会力量、整合社会资源的重要方式之一。2013 年，习近平总书记在全国宣传思想工作会议上强调："宣传思想阵地，我们不去占领，人家就会去占领。"④ 互联网时代的快速变革深刻影响着舆论格局，显著地拓宽了宣传渠道、丰富了宣传方式。新浪、百度、腾讯等大型互联网公司占据了主要的网络阵地，拥有话语权优势地位。"在网络成为主要动员媒介的当下，党和政府必须加强新兴主流网络媒体建设，抢占舆论制高点，不断提高新闻舆论传播力、引导力、影响力、公信力。"⑤ 在当前网民剧增的社会变革中，党和政府要重视网络动员整合的重要性，更加注重传统媒体与新媒体的融合发展。

互联网时代，新浪微博、微信公众号、抖音、今日头条等新媒体网络平

---

① 中国互联网络信息中心：第 45 次《中国互联网发展状况统计报告》，2020 年 4 月，第 1 页。
② 中国互联网络信息中心：第 45 次《中国互联网发展状况统计报告》，2020 年 4 月，第 1 页。
③ 〔英〕丹尼斯·麦奎尔：《麦奎尔大众传播理论》，崔保国、李琨译，清华大学出版社，2006，第 67 页。
④ 习近平：《胸怀大局把握大势着眼大事　努力把宣传思想工作做得更好》，《人民日报》2013 年 8 月 21 日，第 1 版。
⑤ 贺治方：《国家治理现代化进程中社会动员研究》，博士学位论文，中共中央党校，2019，第 117 页。

台迅速发展，社会动员与社会整合进入新媒体时代。以新浪微博为例，治理与整合微博要具有网络信息多元化思维，政府要依托网络技术加强对微博信息源的整合，要切实关注微博意见领袖的各种动态，对其进行有效监督。与此同时，伴随网络多元化的发展，微博的声音亦是多元的。政务微博、权威机构微博和名人微博等类型层出不穷，一些网络意见领袖拥有几千万的粉丝群体，这些"网络大 V"在互联网平台具有超强的动员与整合能力，其个人的观点能够影响极大一部分网络"乌合之众"，进而对社会产生不同的舆论影响。有学者指出，"当网民们发现自己缺乏证据支撑时，便会通过浏览网络意见领袖的文章获得一种心理支持，甚至是以网络意见领袖们的意见代替自己的思考"。[①] 由此可见，"网络大 V"会对社会舆论产生深远影响。还有学者指出，"网络社会认同中的认同是一种最具有社会性的真正的社会认同"[②]，这种认同是一种建构性认同，"而网络意见领袖的影响力有助于实现认同过程，进而汇聚成一股强大的社会凝聚力，实现线上与线下的有效互动"[③]。总而言之，党和政府要发挥多方联动优势、整合组织资源、共享信息并形成合力，进而培养一批高质量的网络意见领袖，这是当前充分发挥网络动员整合能力的因应之道。

三　现实国家权力提供政策支持

伴随互联网与移动互联网的发展和普及，网络社会已然成为具有现实根基和新型结构的新社会形态，网络社会的各种因素已渗透进现实社会的各方各面，使其发生了深刻而复杂的结构变革，现实社会和网络社会既相互独立又彼此紧密相连，全国人民要在以习近平同志为核心的党中央集中统一领导下，共同致力构建"网上与网下同心圆"。2013 年 11 月，《中共中央关于全面深化改革若干重大问题的决定》指出，"网络和信息安全牵涉到国家安全和社

---

① 龙其林：《大众狂欢：新媒体时代网络文化透析》，浙江古籍出版社，2014，第 121 页。
② 刘少杰：《网络化时代的权力结构变迁》，《江淮论坛》2011 年第 5 期。
③ 高原：《互联网对公共权力的规范效应研究》，博士学位论文，中共中央党校，2017，第 52 页。

会稳定，是我们面临的新的综合性挑战"①。要逐步加大依法管理网络力度，整合相关机构职能，全方位确保网络正确运用和安全。2016 年，《在网络安全和信息化工作座谈会上的讲话》中习近平指出："新常态要有新动力，互联网在这方面可以大有作为。""我们要加强信息基础设施建设，强化信息资源深度整合，打通经济社会发展的信息'大动脉'。"② 2017 年 1 月，中共中央办公厅、国务院办公厅印发《关于促进移动互联网健康有序发展的意见》，为促进我国互联网健康发展提供了更加有力的支持，进一步为社会整合的革新提供了制度保障。《中共中央关于制定国民经济和社会发展第十四个五年规划和二〇三五年远景目标的建议》中指出，"坚持把发展经济着力点放在实体经济上，坚定不移建设制造强国、质量强国、网络强国、数字中国，推进产业基础高级化、产业链现代化，提高经济质量效益和核心竞争力。"③

随着移动互联网的迅猛发展，社会整合模式逐步从线下转向线上线下融合，从单一的政府监管转向社会协同治理。习近平总书记强调："我们要深刻认识互联网在国家管理和社会治理中的作用，以推行电子政务、建设新型智慧城市等为抓手，以数据集中和共享为途径，建设全国一体化的国家大数据中心。"④ "要强化互联网思维，利用互联网扁平化、交互式、快捷性优势，推进政府决策科学化、社会治理精准化、公共服务高效化。"⑤ 此外，截至 2020 年 3 月，"我国在线政务服务用户规模达 6.94 亿，占整体网民的 76.8%"⑥。在汇聚互联网人才方面，习近平总书记还指示相关部门"要采取特殊政策，建立适应网信特点的人事制度、薪酬制度"⑦，"要探索网信领域科研成果、知识产权归属、利益分配机制，在人才入股、技术入股以及税

---

① 《中国共产党第十八届中央委员会第三次全体会议文件汇编》，外文出版社，2013，第 114 页。
② 习近平：《在网络安全和信息化工作座谈会上的讲话》，人民出版社，2016，第 8 页。
③ 中共工业和信息化部党组：《坚定不移建设制造强国和网络强国》，新华网，http://www.xinhuanet.com/politics/2020-11/24/c_ 1126778223.htm，2020 年 11 月 24 日。
④ 中共中央文献研究室编《习近平关于社会主义社会建设论述摘编》，中央文献出版社，2017，第 134 页。
⑤ 王茹：《互联网经济时代的政府治理创新研究》，人民出版社，2017，第 13 页。
⑥ 中国互联网络信息中心：第 45 次《中国互联网发展状况统计报告》，2020 年 4 月，第 3 页。
⑦ 习近平：《在网络安全和信息化工作座谈会上的讲话》，人民出版社，2016，第 29 页。

收方面制定专门政策"。① 截至 2020 年 6 月，国务院部门及其内设、垂直管理机构共有政府网站 901 个，占总体政府网站的 6.2%；市级及以下行政单位共有政府网站 11866 个，占比为 82.0%（见图 2-1）。② 政府网站的全面普及与建成，也为互联网时代的社会整合奠定了坚实基础。

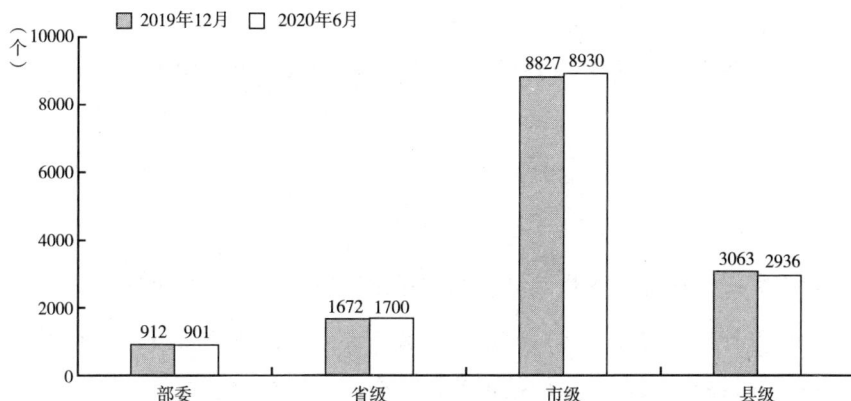

图 2-1　2019 年、2020 年中国各行政级别政府网站数量

---

① 习近平：《在网络安全和信息化工作座谈会上的讲话》，人民出版社，2016，第 29 页。
② 中国互联网络信息中心：第 46 次《中国互联网发展状况统计报告》，2020 年 9 月，第 58 页。

第三章

互联网时代社会整合的模式转型

社会整合概念最早由法国社会学家涂尔干提出并用来解决社会问题，社会整合是维护社会秩序、协调或解决社会各部分之间的矛盾与冲突的重要方式之一。网络的普及、互联网技术的快速变革与网络社会的持续演化不断冲击以往传统的社会整合模式，并对当前的社会整合革新产生了多重效应。网络社会既具有传统社会的影子，又具有传统社会不具备的新特征。网络社会已从一种虚拟社会形态发展为虚拟与实际相融合的公共空间，因而互联网时代的社会整合模式与以往模式已存在显著区别。依托于网络社会与传统社会的显著区别，本章主要从"社会整合主体、社会整合客体、社会整合时空、社会整合机制"四个方面探究互联网时代的社会整合模式与以往模式的差异。

第一节　社会整合主体的转型

社会作为一个独立的系统，其本身具有自我调节与自我整合的功能，但伴随互联网时代的到来，社会分化日益凸显与社会冲突不断加剧，社会呈多元化发展趋势，仅依靠社会自身力量已难以实现有效整合。社会整合的主体主要指能够发挥社会整合力量的人或组织，探究社会整合的特征演化首要任务就是明晰历史不同阶段社会主体的各个特征演变逻辑。互联网时代的社会整合模式与以往模式的差异主要体现在以下两方面：社会整合主体的"多主体并列"与"多元主体共融"，社会整合主体的"相对稳定性"与"流动多变性"。

一　从"多主体并列"到"多元主体共融"

社会整合主体需具备两个条件：一是要有足够的社会成员作为行动者受到适当的鼓励并按其角色体系而行动；二是要使社会行动控制在基本秩序的维持之内，避免对社会成员提出过分的要求，以免形成离异或冲突的文化模式。[①] 概而言之，社会整合的主体主要涵盖国家、政党、社会组织、精英领袖等。传统社会整合模式"以社会整合主体为中心"，国家与政党长期以来占据着社会整合主体的核心位置，在以往传统社会整合模式下，社会整合的客体是有限且相对同质的，社会整合的空间与时间是相对固定的，社会整合方式亦是较为机械刚性的。从历史角度探究，在原始社会，社会整合的主体是氏族部落议事会；在农业社会，伴随"国家"的出现，以政治权力为中心的统治阶级和国家成为社会整合的主体，通过与血缘团体、地缘团体相互作用进而实现社会整合；改革开放以来，在市场经济条件下，以职业为基础形成的各种社会组织即职缘团体，逐步成为社会整合的主体。纵观以往的社会整合模式，无论是整合主体还是整合方式均较为单一，这主要源于以往社会的同质性结构与时间空间的相对稳定。

网络社会下的社会整合主体，是指能够真正用"网络语言""网络行为"等网络方式维护社会秩序稳定并实现社会整合的多元主体。互联网技术的更新迭代和网民数量的日益增长促使利益主体呈多元化发展趋势，进而逐步扩大了社会整合的广度，单一的主体整合方式已满足不了多元利益主体的需求，多元的利益主体进而呼唤多元的社会整合主体。互联网时代的到来，给社会整合方式的革新带来了深远影响。首先，社会成员的思想观念日趋多元化。以自我为中心的实用主义价值观在促进个人发展的同时，也逐渐加剧了社会分化，产生了愈加纷繁复杂的社会矛盾。人的价值观念大多源于

---

① 《中国大百科全书（社会学）》，中国大百科全书出版社，1991，第351页。

其所处的社会环境及社会群体，是其所属环境的文化传统、风俗习惯、社会舆论等因素濡染和教化的结果，价值观念具有相对稳定的特征。价值观念的多元化使社会个体的价值判断标准呈现不确定性，甚至出现了大批是非不分的"乌合之众"。以往单一的社会整合主体已无法驾驭互联网时代的多元社会。其次，社会日益分化可能导致社会分裂、社会冲突并危及社会公共秩序，但其也是促使社会有效整合的动因之一。社会矛盾的产生可能引发不同程度的社会危机，但亦在一定程度上成为一个重要的转折契机。[①] 最后，"互联网助推了社会成员兴奋点的多样化分散化趋向"[②]，促使社会的"异质性"成分日益增多。互联网之于社会异质性增多的助推"使不同群体难以整合成为一个内聚性很强的抗争群体，难以形成相对集中一致的抗争主题，抗争势能难以在一个方向上集中并持续蓄积，进而使得社会矛盾冲突很难在一个节点上集中爆发"[③]。互联网在加速社会分化的同时也具有对于社会矛盾的积极缓解效应，以求实现多元主体的社会整合效用。

信息的生命本质在于更新与变化，尤其是伴随互联网技术的革新、新媒体传播速度的加快，这愈加增强了网络信息之于社会整合的重要性。信息和科技推动社会生产力的不断变革，促进全球一体化与人类命运共同体的实现，进而促进人的自由全面发展。此外，互联网既是社会成员信息交流的平台，亦是推动社会成员彼此沟通的更具规模性的人际交往平台。与此同时，当这种规模效应在现实中引起关注时，能够起到传统社会互动方式意想不到的良性效果，它可以使社会资本呈几何级增长，对公共参与起到良好的示范效应，也对社会整合起到其他方式无法发挥的作用。互联网时代，社会整合的主要方式将由机械整合转化为有机整合，社会整合的主体也随之演化为多元掌握信息和科学的自由人联合体。

---

① 吴忠民：《社会矛盾倒逼改革发展的机制分析》，《中国社会科学》2015 年第 5 期。
② 吴忠民：《不应忽视互联网对社会矛盾的积极缓解效应》，《光明日报》2015 年 8 月 19 日，第 13 版。
③ 吴忠民：《不应忽视互联网对社会矛盾的积极缓解效应》，《光明日报》2015 年 8 月 19 日，第 13 版。

二　从"相对稳定性"到"流动多变性"

从现代社会学的观点来看，社会稳定即"社会的结构稳定、功能正常。可以说，社会稳定，首先是社会结构的稳定。它的基本特点是：有序性、可控性、协调性、平衡性和适应性"[1]。纵观中国传统社会的历史脉络，长久以来一直处在中央集权的王朝统治下，更迭于历朝历代的治乱循环之间。中国传统社会以及社会整合主体具有较强稳定性的原因在于以下几个方面：第一，中国所处的地理位置相对比较封闭为其提供客观条件。第二，以血缘、地缘和宗法制为根本而形成的"家国同构"体制是维系长久稳定的核心支柱，"中国传统社会的结构可以看作是从个人到家族再到国家这样由无数线条编制成的巨网"[2]。由此而形成的"差序格局"的特征奠定了其长久稳定的社会根基。第三，中国传统社会长期处于自给自足小农经济的孤立与隔膜状态，"孤立和隔膜并不是绝对的，但是人口的流动率小，社区间的往来也必然疏少"[3]。继而"乡土社会在地方性的限制下成了生于斯、死于斯的社会。常态的生活是终老是乡"[4]。第四，"礼治"秩序的维系与儒家思想基于宗法关系推崇的道德精神为中国传统社会的稳定性提供了文化支撑。由此，中国传统社会历经 2000 年之久，其社会整合主体依托中央集权专制主义的统治亦表征为较为单一与稳定的模式。

当前，中国社会进入转型期，网络时代的相对易变性无形增加了社会治理与社会整合的风险和难度，社会成员的异质性、多变性、独立性日趋增强。"与农业社会和工业社会相比，网络信息化社会的最突出且具有普遍性的特点就是不确定性。"[5] 与此同时，网络经济的迅猛增长大大冲击了高整合低分化的传统社会结构，各结构要素之间难免会出现失衡，进而导致社会

---

[1]　蔡欣欣：《法治建设进程中法律进社区的理论与实践》，河北人民出版社，2016，第 20 页。

[2]　王帅：《中国传统社会超稳定现象成因探究》，《太原理工大学学报》（社会科学版）2015年第 3 期。

[3]　费孝通：《乡土中国》，生活·读书·新知三联书店，2013，第 5 页。

[4]　费孝通：《乡土中国》，生活·读书·新知三联书店，2013，第 6 页。

[5]　刘少杰：《不确定条件下社会信任的分化与协调》，《江苏社会科学》2020 年第 4 期。

稳定难以维系，大量非稳定因素突如其来。经济的健康发展需要社会的流动性，社会流动亦是影响社会稳定的重要因素之一，网络时代下社会流动的加速也为社会的良性运行增加了许多不确定因素。然而，在高分化社会中，国家和政党仍然是维系社会秩序、化解社会矛盾的重要整合主体。即使在互联网时代，国家与中国共产党的社会整合主体地位仍是历久弥坚的。"国家能够超越小团体利益，维护社会整体利益"①，同时国家也是"保卫社会分化合理边界的最终力量"②。伴随互联网与移动互联网的发展，社会整合中具有不确定性特征的主体主要指作为"中坚变量"的社会组织和具有多元价值观的社会成员。在传统社会中，识别组织的边界一般均为确切的物理空间，而在互联网时代，组织与外部群体之间不再存在明确的边界，"全球化、信息技术以及职业模式方面的发展趋势意味着，组织边界要比它们从前变得更加开放和多变。"③ 例如，抖音、今日头条等 App 平台都可以视为一种新型的网络组织，其对于强化社会成员的社会归属感、发挥社会支持功能都显现出重要效用。同时，由于网络技术的更新速度快，网络社会组织也随之变化，新旧组织的交替与各网络组织的不断优化都表现出不确定性与易变性的特征。伴随社会多元化的发展，作为高分化社会下的另一主体即社会成员也表现出不确定性的特征。"缺场空间与在场空间并存而导致社会空间的双层分化，社会生活呈现空前复杂的不确定性和社会风险，这对于各种层面或不同条件中的社会成员都是共同的普遍性。"④ 网络社会中，以"网络大V""网红"为代表的网络意见领袖对于维护社会的有效整合发挥着重要效用。但由于社会多元复杂的发展和不确定性因素的增加，社会各阶层大多呈现相对多元的不确定性状态，信息化所具有的扁平化延伸与资源共享的特征与传统的纵向整合方式也大不相同。

---

① 贾双跃：《中国现代化进程中的社会分化现象研究》，博士学位论文，中共中央党校，2019，第 177 页。
② 贾双跃：《中国现代化进程中的社会分化现象研究》，博士学位论文，中共中央党校，2019，第 177 页。
③ 〔英〕安东尼·吉登斯：《社会学》（第五版），李康译，北京大学出版社，2009，第 553 页。
④ 刘少杰：《网络社会的时空扩展、时空矛盾与社会治理》，《社会科学战线》2016 年第 11 期。

第二节 社会整合客体的转型

从社会整合的客体探究，社会整合的对象是"社会中的各种构成要素或子系统。其中既有经济领域、政治领域、思想文化领域等公共领域，也有以民生领域为主的日常生活领域"①。从微观层面、中观层面与宏观层面探析，社会成员的思想和行为、社会各利益群体之间的关系和社会各子系统之间的联系依次是各个层面的社会整合客体。伴随互联网技术的快速革新，社会中各种构成要素与子系统日趋多元复杂化，社会整合的客体从"相对有限性"拓展至"相对无限性"、从"单一同质性"走向"多样异质性"，此特征变化亦是传统社会整合模式与互联网时代社会整合模式的又一区别。

一 从"相对有限性"到"相对无限性"

人类历史的发展既是统一的又是多样的，各个发展阶段有着较为严格的逻辑顺序，表征为不可逆转性。一般而言，总是呈现由低级形态到高级形态、由有限的整合客体到无限的整合客体、由简单同质性社会到复杂异质性社会的发展趋势。社会整合的目的是维持各个领域已有的要素成分，同时缓解各领域之间不同要素的矛盾冲突，使其达到功能互补、协调一致、和谐统一的状态。

传统社会的经济发展以自给自足的小农经济为主，经济发展的单一化促使其社会结构相对较为稳定，在以皇权统治者为主要整合主体的基础上，其社会整合客体从社会利益、社会成员思想与社会组织等方面表征为相对有限性。就社会利益而言，传统社会以耕地为生的社会成员的根本利益就是解决其温饱问题，春种秋收的周而复返概括了农民的基本生活状态，只要不侵犯其根本利益，生产力则与生产关系、上层建筑较为适应，社会就易处于整合、稳定的一体化状态。就社会成员思想而言，传统社会

---

① 孙来斌主编《中国梦之中国复兴》，武汉大学出版社，2015，第172页。

以儒家思想为主要统治思想，儒家思想的长久灌输促使其社会成员形成了深刻的等级秩序观念。同时，由于社会结构的单一性，多数人民以温饱生存为主，没有过高的人生追求和思想境界，因而其社会意识形态较为稳定单一。就社会组织而言，传统社会的基本社会组织形式以家庭为主，民众之间的联系以宗法制为依托，同时由于地理条件限制，多数民众局限于自己所处的县、乡、村等局部空间，在范围有限、渠道受限的条件下，与外界联系较少，不易形成跨区域的社会组织，因而传统社会的社会组织亦表征为有限性。

伴随社会分工的不断演进与互联网技术的日益革新，社会利益、社会成员思想及社会各领域不断加速分化，社会呈多元化与复杂化发展态势，人类活动需求的多样性决定了社会整合对象的无限复杂性，社会整合主体的多元发展加速了社会整合客体的无限扩展。从社会利益来看，互联网为信息流与资金流提供无阻通道，极大地拓展了商业空间并充分提高了交易效率。《中国互联网发展报告 2019》指出，"2018 年，中国数字经济规模达 31.3 万亿元，占 GDP 比重达 34.8%，数字经济已成为中国经济增长的新引擎"[①]。网络经济的飞速增长表现出其无限增值的空间。伴随数字经济的增长，社会成员的利益诉求也表现出多元化态势。从社会成员思想来看，传统社会大多数民众的生活状态是"面朝黄土背朝天"，网络时代社会的生产方式发生颠覆性变革，伴随社会主要矛盾的转变，人民对美好生活的需要愈加强烈，社会成员的思维模式与社会认知也呈无限性扩展态势。从社会组织来看，微信群、QQ 群的创造为新的社会结构增添了无限的社会整合对象，办公群、家长群、同学群、购物群等网络群体的巨量增长促使社会整合客体无限增长，在促进社会发展的同时无疑也给社会的良好整合带来巨大挑战。总之，在党和国家的政策扶持下，互联网时代的社会整合客体呈相对无限性增长趋势，网络发展空间与未来前景亦处于无限态势逐步发展中。

---

① 《〈中国互联网发展报告 2019〉：我国数字经济规模达 31.3 万亿元 占 GDP 比重达 34.8%》，半岛网，http://muji.bandao.cn/a/295129.html，2019 年 10 月 20 日。

二　从"单一同质性"到"多样异质性"

人类由简单社会向复杂社会演变的历史是一个同质性和异质性循环转换的过程。司马迁曾说："天下熙熙，皆为利来，天下攘攘，皆为利往。"[1] 在中国传统社会中，依靠劳动力自给自足的小农社会一直是历史长河中的主要社会形态，交通的不发达、信息传播的不便捷是形成这种封闭社会的主要因素。在农耕经济占据利益主体的社会中，人际关系淳朴简单，社会流动性较弱，温饱吃住是社会成员面对的主要问题，因而在传统社会的经济领域表征为相对同质性与单一性。与此同时，新中国成立初期，在以计划经济体制为主的社会中，"人人都如亲生的兄弟姐妹一样"的同志关系亦是一个纯粹由工人阶级构成的同质性社会。传统社会的结构具有相对同质性，社会整合以宗法思想和国家权力为主，国家统治阶级依托"君君臣臣，父父子子"的宗法思想强调同质性社会的地位与名分，而非类别的区分与整合。在传统同质性社会中，政治认同的主要内容是"出身"与"阶级成分"等身份问题；在现代社会中，民众将目光聚焦在法律认同的程序与规则上，愈加重视法治的作用。在文化方面，传统社会的文化思想整合缘起于核心价值体系尚未完全确立的历史时期，儒家思想与"礼治"在长期维系社会稳定的过程中占据着核心位置，家国同构的社会结构与礼仪道德有机结合构成了传统礼俗社会的整合机制。除此以外，在传统社会中，"每一个农户差不多都是自给自足的，都是直接生产自己的大部分消费品，因而他们取得生活资料多半是靠与自然交换，而不是靠与社会交往"[2]。伴随现代化建设的推进与互联网的发展，整个社会系统日益复杂化和专业化，社会整合与社会合作成为每一个社会成员的生活之必需。

互联网时代伴随社会分工的深入与细化，社会分化也不断加剧，社会整合的客体与对象多表征为异质性形态。市场交换的必需与必要促使社会个体

---

[1]　司马迁：《史记》（第十卷），中华书局，1959，第 3256 页。

[2]　中共中央马克思格斯列宁斯大林著作编译局编译《马克思恩格斯选集》（第一卷），人民出版社，2012，第 762 页。

之间对于物的依赖关系逐渐普遍化，以往社会主要负责维系社会秩序的政治权力中心逐渐放权，社会的经济、文化与生态各领域逐步取得相对独立的地位，社会整合的对象呈相对异质性多元态势迅速扩展。在政治方面，伴随互联网技术的发展，各国的政治结构功能分化日趋明显，政治认同亦随之表征为多层次体系，多层次主体因差异与分歧而不断沟通整合，进而衍生出不同向度的价值判断与合理性诉求，随之微观层面社会成员的价值观与思想日趋独立并呈现多元化与多样化的态势，追求自由独立与个体权利成为现代性社会成员的目标。社会整合的必要条件和重要因素之一即价值整合，基本的社会价值认同是一个社会维系稳定有序状态的充分必要条件。与此同时，依托互联网平台与相关应用软件的传播，社会各方各面呈异质性发展，"一个尺寸适合一个人"的异质性社会整合客体无限拓展整个社会的容纳空间。

第三节　社会整合时空的转型

卡斯特说："空间与时间是人类生活的根本物质向度。"[①] 传统社会的整合状态无论是在物理空间位置上还是时间空间下均处于同一时空，其完成在"实体空间"；互联网技术的发展变革了信息传播的方式，互联网时代的社会整合在时间与空间上能够不再同时与同地进行，其实现于现实与虚拟相结合的"网络空间"。与此同时，基于传统社会的交通不发达与社会较闭塞等因素，其社会整合在时间上具有延时性；而互联网社会伴随技术的迅速革新，其社会整合在时间上显现即时性。

一　从"延时性"到"即时性"

在传统社会中，人类在不同的时期发明和制造了适应当时经济社会发展和生活所需的计时器。其中，主要有圭表、日晷、漏刻、蜡烛钟、盏灯和机

---

① 〔美〕曼纽尔·卡斯特：《网络社会的崛起》，夏铸九、王志弘等译，社会科学文献出版社，2001，第 466 页。

械计时器等，中国传统社会主要以十二个时辰来计算昼夜并以十二地支来表示时辰，每个时辰相当于现代社会的两个小时。这些计时发明在其所属时代都展现出了人类的超凡智慧，但在各个地方计时与统一时间方面也存在一定的延时误差。传统社会的社会整合主体以中央集权的帝王专制主义为核心，其中央政策的颁布到地方县区的落实需要一定的时间传输信息。烽火台、飞鸽和驿卒是传统社会信息传递的主要方式。"烽火戏诸侯"的故事不仅体现了周幽王的昏庸，亦彰显了烽火台在古代社会传递信息时的强大效用，但这种信息传递方式受地理距离限制，因而主要用于战争时期军事消息的传递。"飞鸽传书"主要用于传统社会民间日常交流，其利用飞鸽飞行能力较强与恋家的特征实现信息传递，但由于距离因素，其在传递信息时需要一定的飞行时间造成信息获取的延时性，这明显无法媲美网络社会的无延时交流，同时信鸽被猎人射杀的可能性也给这种传输方式带来了一定的不确定性。驿卒传送信息与现代社会邮局较为相似，从马车到自行车再到汽车，均是为了不断减少延时，实现信息的迅速传输。工业革命后，传真、电话等传输方式的发明极大地变革了传统社会的信息延时传输方式，为化解信息不统一带来的社会矛盾提供了极大帮助。但是，伴随互联网的诞生，电子邮件的发明最终彻底变革了传统社会信息传输的"延时性"，为社会实现高效整合提供了独特利器。

时间是网络空间最重要的维度。传统社会航海绕地球一周需按年计算，互联网时代全球海底光缆铺设总长度超过 140 万公里，可绕地球 35 圈，世界已由不计其数的光纤网相连。据统计，目前世界各国发射的卫星数量已有 1000 多颗，地球表面已被其近乎全部覆盖。与此同时，计算机 CPU 主频可达 7GHZ 以上，是人类心跳频率的 10^9，CPU 的时钟精度可达到纳秒级，即 10^{-9} 秒。原子钟的发明使得其时间精度达到 2000 万年才误差 1 秒，目前已应用于全球导航系统（GPS）。各个国家对作为时钟"种子"的原子钟的保护都相当严密，因为其控制着整个国家乃至世界的网络系统，一旦其被损坏或扰乱，整个国家的网络空间将遭遇重创。信息在全球的交换已经光速可达，延时仅为毫秒级，比人类最快飞行器快数十万倍。网络技术的日趋发达使得社会整合的各个主体在时间上能够愈加从容地实现资源、信息的不同整合。

在互联网诞生之前，高昂的通信成本、漫长的信息传递时间，导致不同行业之间的信息严重不对称。互联网将原本世界上分散的信息聚合起来，促使信息流通的成本大大降低，距离无论多远都能够即时沟通，不同行业之间的信息也不再处于不对称的状态，原本复杂的渠道也通过互联网愈加简单化。此外，网络时空中的沟通与交流重构了现实社会中的时间经验，社会大众的作息时间不再遵循自然规律，同时正是基于时间规律的变革，社会个体也逐步被网络空间中随时而来的信息所控制。随着5G技术的发展，以音频、小视频和动画等形式为媒介的传播速度将彻底实现无延时传输，网络社会中社会成员间的互动在同一时间即时进行，其通过互联网技术打破地理边界限制，信息的即时发出与信息的及时感应和回馈，有效弥补了传统社会由于时空限制无法实现即时互动的缺憾，同时，社会个体与群体之间的即时互动能够无延时消除众多由时间不一而引发的社会矛盾问题，进而促进社会和谐稳定有序。

二 从"实体空间"到"虚实空间"

传统社会的社会整合从组织设置到制度建构均在以农业经济为主的现实空间下实施运行，从区域空间整合治理探究，中国传统社会主要是围绕中央地方关系形成的大一统社会空间结构，传统社会以身体语言现实互动沟通为主，以文字信息传播为媒介，以马车、信鸽为主要信息传播的交通工具，其传播方式的低效与传播时空的限制使得社会整合必须处在同一时空且效率较低。传统社会全球化体系尚未形成，国与国之间依靠使者的往来进行合作与交流，各个国家的社会整合相对独立且在实体空间下完成。传统中国的社会整合与社会认同以血缘、地缘和宗族为根基，在同一区域内的经济基础、文化习俗与生活习惯大致相同，因而其社会整合完成于物质环境与精神环境大体相同的实体空间之中。

时空场域作为社会整合的重要抓手具有横向和纵向的双重特性，传统的社会整合发生在同一"实体空间"中，而大数据的发展变革了信息传播的方式，大数据时代的社会整合可以打破时空同一性的限制，转向分工更加明确、层次更为深厚、虚实结合的"元宇宙空间"。在当代科技手段的影响下，现实世界与虚拟世界衔接形成了新型的数字生活空间，即元宇宙空间。元宇宙空间范畴内区块链技术助推经济系统、社会系统在现实与虚拟之间实现融合发展，构建了新时代的社会形态。作为当代多种新技术综合形态的元宇宙空间，将深刻推动社会治理从传统到现代的转换。元宇宙空间作为技术构建的新型方式成为社会整合模式转型的独特维度。

　　"信息技术所创造的新公共空间是一个新的领域，国家和社会在这个领域内互动和竞逐权力。"[1] 伴随互联网、大数据、区块链和智能技术的迅速发展，社会生活网络化进程日趋加速并大规模扩展。从依托网络平台进行电子邮件通信，到各种网络群体的逐步形成，互联网无所不在地全方位发展，展现出中国网络社会时空内容的愈加丰富、网络时空结构的日益完善、网络空间动力的不断增强。互联网时代的空间扩展不仅是实体空间的拓展，亦是在实体空间基础上打破了地理边界壁垒与时空限制的缺场空间，互联网技术促使其形成一个跳脱物质实体限制的"脱域"空间，即"社会关系从彼此互动的地域性关联中，从通过对不确定的时间的无限穿越而被重构的关联中'脱离出来'"[2]，即出现了没有边界、以信息交流或信息传递为基本内容的网络空间。网络空间不仅是线上的"赛博空间"（cyberspace），亦是通过互联网串联起来的线上与线下相统一的信息流动空间，网络的崛起使人类社会的时空关系由"时间改造空间"发展为"空间整合时间"，进而在工业社会和农业社会的基础上开辟出一个从未形成的崭新空间。此外，当前以一切沟通模式（从印刷到多媒体）的电子整合为核心的新沟通系统，其特殊性是建构了真实虚拟，而不是诱发虚拟实境。[3] 由此可知，社会个体通过媒介沟

---

① 郑永年：《技术赋权：中国的互联网、国家与社会》，东方出版社，2014，第67页。
② 〔英〕安东尼·吉登斯：《现代性的后果》，田禾译，译林出版社，2011，第18页。
③ 〔美〕曼纽尔·卡斯特：《网络社会的崛起》，夏铸九、王志弘等译，社会科学文献出版社，2001，第462页。

通时，一切现实的感知都被虚拟化了，但这些虚拟的感知促成了现实的购买行为。与此同时，伴随网络技术的应用便捷化，不可计数的微信群、微博群等网络群体迅速形成，这对于调动民众积极性和实现社会团结与整合具有重要作用。心理学与进化论的理论实践表明，广阔范围的互动沟通，能够促使不同价值观念、不同社会阶层和不同习俗文化的社会个体相融合，进而对社会的发展产生巨大的推动效应。同时，快速更新迭代的网络技术成为获取网络话语权的重要基石，并不断对传统的社会结构秩序产生冲击效应。[1] 网络空间与传统实体空间的融合愈加丰富了社会群体的集体意识，而把握分化、实现整合的最有效路径就是社会成员在感性直面交往中形成的表象层面的集体意识，因而这对于高分化社会下的社会整合亦具有关键效用。

第四节　社会整合机制的转型

机制一词源于希腊文，原指"机器的构造和动作原理"[2]，在自然社会科学中，其指一个系统中各要素之间相互作用的过程和功能。传统社会的社会整合主体以单一性的中央集权的专制主义统治为绝对核心，以"人治"主导"法治"，因而其整合机制为上传下达的"机械整合"，而互联网的诞生拓宽了现实场域并逐步由单一主体转化为多元主体，伴随社会的多元化发展，"法治"终将取代"人治"，网络时代的社会整合机制进而变革为"有机整合"。

一　从"刚性强制"到"柔性引导"

传统中国历史演进过程中以牢固王权政治的长久统治为核心形成了较为刚性机械的社会整合机制，该整合机制对中国 2000 多年王朝政治的延续、

---

① 王莎莎：《江村八十年：费孝通与一个江南村落的民族志追溯》，学苑出版社，2017，第173 页。

② 张秦：《软治理模式：网络情境下"桥"式反腐机制建立的研究》，中国言实出版社，2016，第 5 页。

多民族国家的融合统一与中华文明的一脉相承具有重要的历史意义。就运行主体而言，传统社会构建了帝王—官吏—士绅—百姓的主客体机制，帝王处于中心主导地位并被视作统一群臣百姓思想的权威，同时依托儒家思想的教化逐步建构相适应的社会等级秩序，进而形成了"以中国为一人"的家天下主客体结构。就地域空间治理整合而言，传统社会构建了京—郡—县—乡的大一统社会空间机制，由于官僚、士绅与百姓三种组织层次均认同宗法家族思想，因而无论是郡县制、行省制还是其他制度均是以宗法制为基础，进而形成"宗法一体化"的区域治理机制。就经济生产机制而言，国家与民众之间以土地制度及赋役制度为其经济纽带，自给自足的小农经济是传统社会经济运行发展的根基。就文化符号体系而言，依据社会等级结构秩序的区别，社会成员的身份角色与社会地位主要体现在其称谓、服饰与用具方面，进而使社会民众通过等级权威崇拜逐步形成对社会规范的遵守。家国同构的社会结构、宗法性的治理空间和等级区分的文化符号三者有机结合形成了传统社会的"上传下达式"刚性整合模式。伴随大工业时代的到来，运行机制的不稳定性、价值文化的封闭保守、道德约束示范效应的弱化和西方文明的冲击使得其无法适应大工业技术所引发的社会结构变革，因而在第二次工业革命后逐步分崩瓦解。新中国成立之后，党和政府为了迅速恢复经济增长采用了计划经济体制，这种体制在短时期内对于集中国家人力、物力，集合社会资源起到了积极作用，但长期使用这种整合机制无疑会阻碍社会发展的动力与创造力，进而引发更多的社会矛盾问题。

伴随互联网技术的迅猛发展，人类在历经农业社会、工业社会后正式迈入信息社会，网络是信息社会先进生产力的主要标志，移动互联网已完全突破传统信息交流渠道，网络技术已从纵向升级转化为横向渗透并逐步成为集汇集、处理与传播信息资源于一体的多元有机整合平台。从社会运行来看，互联网加速了社会成员的多元发展，党和国家逐步放权，社会整合主体由单一性向多元性转化，逐步形成了以党的领导为核心的多元整合机制。从利益诉求来看，社会个体与社会群体的利益诉求都随着社会的变革而不断转变，互联网平台的公开透明保障了利益诉求通道的通畅，促使不同利益群体能够公平与民主地进行利益表达；同时，政府能够全面了解各阶层利益诉求，进而实现全方位的利益整合，维系社会良性运行。从价值认同来看，伴随大量移动网络虚拟社群的发展，社会群体凝聚力不断强化和社会个体归属感逐步提升，上层建筑与公民的良性互动有益于激发民众对社会建设的积极性，进而激发社会动能与创造力，实现社会的有机整合。伴随 5G、大数据和云计算等网络技术之于社会结构的优化，网络时代逐步实现无延时信息传播，因而要愈加重视网络与实体生活的有效契合与衔接，亦要完善网络法律法规的规范机制，促使网络社会文明健康运行，并实现长足发展与有机整合。

二 从"人治"到"法治"

人治主要指"以统治者的主观意愿来管理社会事务的治理模式"[1]，其实是一种管理模式与体制，亦即"一人之治"，统治者可以凌驾于法律法规之上。有学者指出，从人类历史来看，"人治"主要指君王一个人的统治，并表征为"王道"与"霸道"两种基本形态。[2] 从人治的思想根源来看，儒家思想主张统治者以道德仁义来治理国家，重视德化者自身与教化的过程，"人存政举，人亡政息"是其所追求的理想社会模式。儒家思想关于人治应为的德治的思想论述诸多，有学者将二者之间的基本关系界定为：德治是人治的内容，人治是德治的载体，两者基本是完全一致且相互依赖的。[3] 就社会结构而言，在传统"熟人社会"中，人情是最硬通的货币，解决争端与化解矛盾不能违背和谐之道。虽然传统社会中法律也是其维护社会秩序的主要手段，但对于乡土社会而言，社会成员达成的普遍共识如若完全依照法律仲裁，将会不断增加百姓之间的对抗性矛盾，因而"以和为贵"的传统思想为人治的实施奠定了社会根基。与此同时，正所谓经济基础决定上层建筑，在经济上占主导地位的统治者亦可充分运用经济特权以制约臣民，实现其统治目的。从人治的特征来看，加之传统社会以宗法制与王权制为核心

① 王利明：《法治与人治的功能特性差异》，《当代贵州》2015 年第 6 期。
② 江畅：《中国传统价值观的人治德治礼治法治考论》，《江苏行政学院学报》2019 年第 1 期。
③ 江畅：《中国传统价值观的人治德治礼治法治考论》，《江苏行政学院学报》2019 年第 1 期。

的政治结构，根据个人的意志及统治者的情绪变化决定事物的发展态势表现出其随意性与不稳定性，同时人治社会缺乏对统治者的实质性监督与约束，进而易形成权力过分集中的集权性"人治"模式。因而，传统社会的德治由其表面来看仁爱有加，但其在实际社会中，很难形成具有实际效用的价值体系，取而代之的是一种"人治"。伴随社会多元化的发展，传统农业社会、工业社会与计划经济时代的治理结构无法有效合理适应和解决网络社会新生的多元复杂矛盾，因而以法治为中心的"规则之治"之于社会的治理与整合便显得愈加重要。

　　人治到法治的转变其本质上是人性的历史升华，是历史发展的必然趋势。"多元的、开放的现代社会不可能由某种单一的伦理观念来实现统一和整合，这就需要对规则的尊重和服从，依靠规则的权威性联合为一个整体。"① 在治理效果上，法治优于人治；在主导地位上，法治高于人治。党的十八大以来，法治国家、法治政府与法治社会一体建设的时代命题备受学术界与法律界重视。党的十八届四中全会通过了《中共中央关于全面推进依法治国若干重大问题的决定》，对法治中国建设作出顶层设计与多维部署。网络社会的影响早已不是单纯科技层面的技术革新，而是逐步对整个人类的社会结构、交互方式与价值观进行全方位变革，互联网技术的发展之于法治社会的建设具有助推效用。其一，互联网为社会成员提供公平透明的网络公共空间，助推礼俗社会向法治社会转变。与传统社会不同，网络社会打破了传统社会受政治权力与经济力量支配的话语结构，进而具有鲜明的扁平化与多元化特征，去中心化的社会结构逐步取代工业社会的科层制结构。网络能够为社会成员提供一个公平、独立和民主自愿的平台，其在增强网民归属感的同时也不断强化全体网民的法治认同感。其二，互联网逐步孕育网络社会的自治能力。互联网社交平台的涌现促使广大网民从分化走向整合。为保障网络群体组织中各个成员的正当利益，社交群体通过自治规范的方式来维护内部秩序稳定。这种微型自治群体对社会整合的法治建设具有积极的推

---

　　① 邱灵：《社会整合视域下的法治社会建设》，《西部学刊》2019 年第 20 期。

动作用。其三，互联网独立空间具有权力制约功能，有助于遏制公共权力肆意扩张，从体制外对公共权力进行有效监督。互联网的快速发展为法治社会建设提供了新的动能与新的道路。在完善法治建设的道路上，要充分认识明晰"法律是治国之重器，良法是善治之前提"①，亦即"法治是善治的前提，没有法治，便无善治，也没有国家治理的现代化"②。

综上所述，人治与法治是国家实现社会整合的两种治理方式，二者在运行机制上有着质的不同。"人治社会是权力导向，而法治社会则是规则导向。"③ 但是，要注重"人治"与"法治"的结合，即要在"法治"的框架下充分发挥"人治"主动、高效、灵活的积极作用，依靠法律制定一系列科学、系统、严格的制度化程序，将"人治"与"法治"有效联结。互联网时代，党的领导是治国理政的核心，法治是治国理政的基本方式，"全面依法治国"战略的制定标志着中国的法治建设进入新时代，新常态下要不断开展"以法治法"，以"法治方式"推动法治社会的建立与完善，进而促使社会良性健康发展。

---

① 《中国共产党第十八届中央委员会第四次全体会议文件汇编》，人民出版社，2014，第32页。
② 俞可平：《没有法治就没有善治——浅谈法治与国家治理现代化》，《马克思主义与现实》2014年第6期。
③ 宋云芳：《中国传统人治向法治的转变》，《湖北经济学院学报》（人文社会科学版）2017年第6期。

第四章

互联网时代社会整合的发展机遇

社会整合之所以必要，在于其不仅能够维持社会秩序的稳定，亦能够促使社会各构成要素协调一致，并形成合力发挥"整体大于部分之和"的作用，进而助推社会进步与促进人的自由全面发展。互联网时代，互联网已然不再是一种单纯的技术方式，其作为现代最主要的信息传播技术对社会结构的重塑具有重要效用。与此同时，以互联网革新社会整合已成为一种客观存在与发展趋势，其积极功能主要表现在：为利益整合创造充盈动能，为价值整合构建聚力空间，为制度整合提供有力保障，为组织整合注入鲜活动力。

第一节 互联网为利益整合创造充盈动能

在逻辑层面，利益分化与利益整合是辩证统一的；在现实层面，利益整合是现实存在的利益分化过度发展的必然要求。同时，利益整合是社会整合的核心，亦是人与人之间的社会关系的基础。① 恩格斯曾指出："每一个社会的经济关系首先是作为利益表现出来的。"② 互联网的诞生与迅猛发展为

---

① 陈淑娟、李俊：《社会阶层分化视域中的执政党利益整合》，《甘肃理论学刊》2013 年第 3 期。
② 《马克思恩格斯全集》（第十八卷），人民出版社，1995，第 307 页。

社会带来了巨量的资本增长并为社会利益的整合创造了诸多便利条件，在数字经济不断为经济增长赋能的同时，互联网也促使经济成分、组织形式、就业方式和分配方式等日益多元化。在此基础上要充分利用互联网的便捷优势，不断革新民众的生活方式，拓展社会资本的发展空间，并为社会就业创造更多实质性效益，促使全体社会成员形成一个利益共同体，从而实现社会整合的良好发展。

一　利益整合是利益分化的必然要求

整合与分化是推动社会发展的一体两面。重分化轻整合，必然引起社会分裂；重整合轻分化，必然导致社会丧失发展活力。基于此，利益分化与利益整合是社会分化与整合系统中的核心，利益关系亦是一切社会关系的中心，保持二者的均衡态势是推动现代化稳健发展的必由之路。伴随互联网时代的到来，社会结构分化加速，社会异质性逐步增强，利益分化也愈加凸显。利益分化的基本特征已经表现为：由一元到多元，由微小到显著，由隐性到显性等。在此背景下，应愈加重视社会整合的重要效用，明晰利益关系是社会关系的中心，利益整合是满足社会群众利益诉求与需求的有效方式，进而通过多种途径协调各群体、各个体间的利益关系，构建良好的利益共同体。

第一，互联网促使利益分化愈加凸显。中国自古以来经历高度分化的社会少之又少。改革开放后，虽然没有具体的政策与会议明确提出推动社会分化这一要求，但社会客观的发展已明确显现出社会分化加速态势。互联网的诞生与迅猛发展，革新了生产技术，进一步推动生产力的发展，促进国民经济的大幅增长。然而，伴随社会结构的分化，传统的大一统利益格局逐步解体，网络技术的差异化使用也不断拉大贫富差距，中国的基尼系数不断升高，伴随利益分化而产生的利益矛盾逐步加剧，诸多群体性事件的爆发与利益分化均有相应联系。因此，要充分重视互联网之于利益整合的积极效用并将其最大化发挥，进而缓解利益冲突，推动社会利益整合良性运转。

第二，利益分化与利益整合是社会关系的中心。一方面，利益是激发社会成员内生动力的原点，是推动社会发展的核心动力。伴随互联网技术的快速革新，寻求利益分化与利益整合的均衡机制已经成为推动国家现代化稳健发展的攻坚课题。另一方面，利益分化与利益整合的不协调势必引发整个社会关系结构的失衡，进而促使利益结构日趋分化，加大社会成员的经济与心理压力，进而导致更多的社会矛盾。在此形势下，应充分重视互联网的积极效用并将其最大化发挥，进而促使利益分化与利益整合的平衡协调。

第三，利益整合是满足社会成员利益诉求与维护政治秩序稳定的有效方式。伴随互联网技术的日益变革、社会成员价值观念多样化的需求与社会多元化的发展，利益分化也逐渐加剧。在社会加速转型期，更应将广大人民群众的根本利益放在第一位，不断满足人民日益增长的美好生活需要，通过网络公共空间拓宽民众利益诉求渠道，最大化满足社会成员的利益需求。与此同时，政治活动肩负着社会秩序的生产功能并且在社会生产活动中占据重要地位，因此，加强利益整合机制的创新能够协调社会个体之间的政治关系，加强人民群众对党的政治认同感，进而从容应对利益分化导致的各种矛盾与冲突。

二　数字经济增长为利益整合赋能

互联网时代，以大数据和人工智能等为核心的新一代信息技术已经成为促进经济增长的重要抓手。数字经济产业在推动传统产业转型升级的同时，亦逐步成为推动国家经济增长的新引擎与新动能并在国民经济中的地位日趋凸显，已经成为中国高质量发展、弯道超车的重要推动力。与此同时，数字经济在促进经济增长的同时亦具有提升宏观经济预测准确性与有效性的积极功能。

（一）数字经济赋能经济增长

数字经济以数字化的知识和信息为主要生产要素，以数字技术为核心驱动力，以现代互联网信息平台为主要载体，逐步提升数字化水平，推动以经济发展和治理模式为主的新型经济形态的建构。[①] 党的二十大报告指出：

[①]　中国信息通信研究院：《中国数字经济发展白皮书（2020年）》，2020年7月，第1页。

"加快发展数字经济，促进数字经济和实体经济深度融合，打造具有国际竞争力的数字产业集群。"① 信息革命时代背景下，新一轮科技革命与产业变革席卷全球，数字技术与实体经济的有机融合促使数字经济迸发出巨大能量。与此同时，加快数字化发展，建设数字中国已经上升为国家战略。习近平总书记强调："发展数字经济，推动数字经济和实体经济深度融合。加强数字社会、数字政府建设，提升公共服务、社会治理等数字化智能化水平。"中国信息通信研究院发布的《中国数字经济发展白皮书（2020 年）》显示，我国数字经济总体规模由 2005 年的 2.6 万亿元增长到 2019 年的 35.8 万亿元，占 GDP 比重达到 36.2%，在国民经济中的地位进一步凸显（见图 4-1）。② 2014～2019 年，我国数字经济对 GDP 增长的贡献率始终保持在 50%以上，2019 年数字经济对经济增长的贡献率为 67.7%，其贡献水平显著提升，逐步成为驱动我国经济增长的核心力量。③ 此外，数字经济持续高速增长，已成为我国应对经济下行压力的关键抓手。

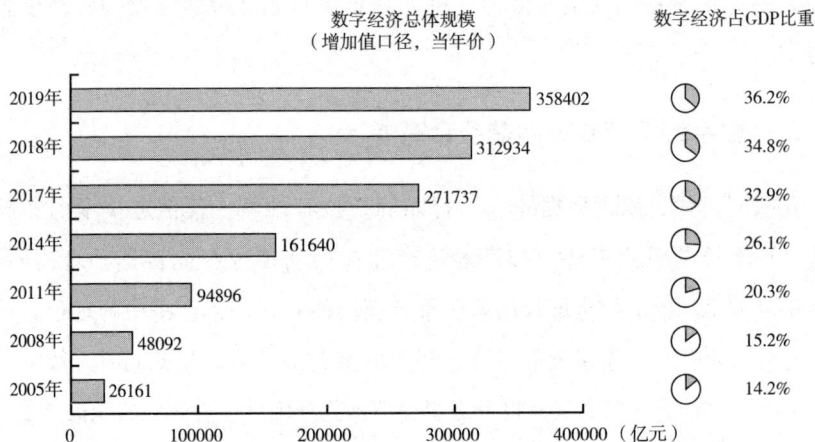

图 4-1　2005～2019 年中国数字经济总体规模

---

① 习近平：《高举中国特色社会主义伟大旗帜　为全面建设社会主义现代化国家而团结奋斗——在中国共产党第二十次全国代表大会上的报告》，人民出版社，2022。

② 中国信息通信研究院：《中国数字经济发展白皮书（2020 年）》，2020 年 7 月，第 8 页。

③ 中国信息通信研究院：《中国数字经济发展白皮书（2020 年）》，2020 年 7 月，第 11 页。

经济是一国产业发展、贸易策略乃至意识形态的表现形式。产业数字化作为数字化发展的核心引擎，其对经济增长具有重要的推动效用。《中国数字经济发展白皮书（2020 年）》统计显示，2019 年，各省区市产业数字化占数字经济的比重均超过 60%，产业数字化已成为地区数字经济的关键支撑。从规模上看，2019 年，数字产业化增加值规模达 7.1 万亿元，同比增长 11.1%；从结构上看，数字产业结构持续软化，软件产业和互联网行业占比持续小幅提升。① 数字经济规模的扩大为数字产业化的稳定发展进一步夯实了根基，伴随数字化治理能力的提升，数据价值日益凸显并逐步成为数字经济发展的重要生产要素。

（二）大数据驱动创新并提高整合效率

何谓"大数据"，即一种在获取、存储、管理、分析等方面均具有超大规模，极大地超越了传统数据库软件工具能力范围的数据集合。美国未来学家托夫勒于 1980 年在其著作《第三次浪潮》中首次提出"大数据"概念，2010 年后大数据逐渐成为互联网行业的流行词。2015 年 10 月，党的十八届五中全会提出要实施"国家大数据战略"，这是大数据第一次写入党的全会决议，进而标志着大数据战略正式上升为国家战略。②

网络信息时代，数据价值日益凸显，以大数据和人工智能等为核心的新一代信息技术已经成为国家经济发展的重要抓手。"数据科学已成为继实验归纳、模型推演、仿真模拟之后科学研究的第四范式"③，大数据已然成为驱动创新的重要动力之一。大数据能够洞察用户需求，帮助企业进行数据优化分析和精细化管理，抢占商业竞争的制高点。与此同时，大数据能够赋能传统农业、工业、制造业和旅游业，使传统行业产生新动能，进而变革实体经济，拉动消费内需。在民众生活上，大数据有助于政府智慧服务模式的建构，通过挖掘多元数据与其无限互联共享，进而全面完善公共服务保障系统。此外，大数据能够及时反映并掌握经济微观要素的变化、中观产业结构

① 中国信息通信研究院：《中国数字经济发展白皮书（2020 年）》，2020 年 7 月，第 16 页。
② 吕廷君：《大数据时代政府数据开放及法治政府建设》，人民出版社，2019，第 163 页。
③ 吴中海：《中国新经济驱动力之大数据与人工智能》，《政治经济学评论》2018 年第 4 期。

的转变与宏观经济的发展态势，进而有助于经济稳健增长。

大数据整合即建构对数据资源的统一管理标准，对各子系统中的主数据进行集中的抽取、清洗与转换，进而提供准确的完整的主数据支撑用户的软件应用和数据模块。大数据作为新一代互联网技术能够打破时空限制，有效地记录、传递特定时空环境下社会大众生活与工作场景的信息，提高社会主体之间的交流效率并降低交流成本。① 与此同时，大数据技术将碎片化的分散知识通过互联网平台和手机智能应用软件传递给社会个体与社会组织，并通过海量数据信息库对个人关注热度进行分析与处理，洞察用户需求，进而向个人推送其重点关注的信息源，提高各种信息的整合效率。大数据提高了社会成员整合特定时空环境知识的能力，提高了整合效率，延伸了产业链并极大地推动了经济增长。

（三）大数据提升宏观经济预测的准确性

智能信息时代，宏观经济预测的内容极为宽泛，而大数据具有多样化与巨量化的基本特征，恰好能够对海量信息进行多维度处理、整合与归纳，满足经济预测的多方位需求。首先，2020 年新冠疫情突袭而至，中国社会加速向网络化、智能化、无人化的新型运营体系转变，大数据成为抗击疫情的中坚力量，成为党和政府管控、决策的重要支撑保障。其次，大数据和相关技术手段的成熟，促使我国的经济预测重点由宏观经济总量转向宏观经济先行指标，能够将中长期预测分析转变为即时性预测分析。同时，充分运用大数据技术能够提升获取经济数据的即时性，显著改变传统数据带来的滞后现象，挖掘数据集间的异质性和同质性的有机关系，促使数据始终保持在最新状态，进而减少不必要的人力和物力消耗，降维去噪并解决"卢卡斯批判"导致的各种社会问题。后疫情时代，大数据将渗透和应用到经济社会的各个领域，各个行业对数据分析的需求将愈加旺盛，大数据在不断驱动传统产业向数字化和智能化方向转型的条件下，应重点强化其弱势短板，进一步彰显其巨大价值并发挥积极效用。

---

① 程承坪、兰海：《大数据、分立知识的整合与经济发展》，《河北学刊》2020 年第 4 期。

三　互联网拓展社会资本的发展空间

互联网的诞生标志着一个全新的信息时代的来临，社会成员的生产方式与生活方式都发生了巨大变革，信息技术为一个高度个体化的社会提供了较为强大的整合基础。伴随社会体系结构的逐步健全与完善，社会运行机制在社会成员个体自由和社会整合之间寻求新的制衡点。互联网平台的开放性直接或间接地不断推动社会流动，对社会资本积累具有积极效用。与此同时，互联网天然的平等性和开放性促使网络信息资源能够被每个用户充分共享，其分配将会最大可能的均等化，进而有助于实现社会平等并促使社会逐步趋于扁平化，推动社会资本激活内生动力。

（一）社会资本与网络社会资本的内涵诠释

20世纪80年代初，法国社会学家布尔迪厄将"社会资本"一词引入公众视野，他认为社会资本是民众所获得的和拥有的资源的数量与质量，即实际的或隐性的资源集合体。华裔学者林南将社会资本定义为："在目的性行动（purposive action）中被获取的和/或被动员的、嵌入在社会结构中的资源"[①]，本文采用的是林南关于社会资本的定义。网络社会资本即主要以互联网平台为媒介，网民通过虚拟符号的建立及虚拟社区的构建形成彼此认同的关系，进而获取虚拟资本并最终转化为现实的社会资本。伴随网民数量的几何式增长，实名认证成为诸多互联网平台的登录信任基础，虚拟的社会资本不再是一种不真实的状态，现实社会的合作关系已然在网络空间中实现多维度发展。

网络社会资本与现实社会资本在运行机制上既有相同之处亦有区别之分。二者的相同之处主要体现在：其一，无论是网络社会资本还是现实社会资本都需要建立一种社会成员之间的信任基础关系进而促使个体之间获得有效资源。其二，社会资本的积累都需要一定周期的资源整合来实现其不断延续。其三，二者的最终目标均是促使资本拥有者完成资本积累并从中收益获

---

① 〔美〕林南：《社会资本——关于社会结构与行动的理论》，张磊译，上海人民出版社，2005，第28页。

利，这种利益既可以是金钱等物质财富，亦可以是权力、威望、社会关系等非物质形态的利益。二者的不同之处在于：首先，媒介不同，现实社会资本主要基于血缘、业缘与职缘等关系而建立，网络社会资本则以虚拟网络为媒介而建立社会关系。其次，资源的表现形式不同，网络资源主要表现为"数字联系"和"符号关系"。最后，二者的维系周期不同，现实社会资本的积累基于传统媒介的稳定性特征能够维持较长的有效期，并因时间的延续而不断实现增值，在某种程度上充足时间的投入比物质投入对于现实社会资本的影响更为深刻；而网络社会资本基于互联网传播的即时性与不确定性，其周期往往较短并会因其环境的竞争激烈而逐渐贬值。

（二）互联网之于社会资本的积极效用

互联网之于社会资本不仅有积极效用亦有负功能。帕特南认为媒介的过度使用易导致社会资本的下降，并指出网络互联通信具有散漫性特征，不易建立稳定的信任互助关系，所以说过度使用互联网可能导致更严重的与世隔绝和抑郁症。[①] 然而，伴随互联网技术的逐渐普及与更新，其为社会资本带来的益处已经超越其负面效应。林南认为互联网是社会资本的一个增长点，其不仅没有侵蚀现实社会资本，反而促成了社会资本的革命性上升。他还指出互联网所承载的信息资源已全然超出其单一的信息用途。现有文献大多基于宏观数据、量化体系、微观调查样本等谋求替代指标来间接衡量互联网之于社会资本的积极效用。有学者基于对 30 位网民的访谈，并从社会资本的结构面、认知面与关系面进行实证考量，进而总结出互联网之于社会资本具有四个积极效用：跨越"时空和心理"距离，有效"管理"个人形象，弥补"初始地位"差异和跨越"圈子文化"障碍并降低"异质性"互动成本。徐笑梅等学者通过半结构化访谈，从联系度、匹配度与牺牲感三个维度进行量化探索，基于 198 份样本数据的分析，揭示出互联网之于社会资本有显著的正向影响。[②]

---

① 〔美〕罗伯特·帕特南：《独自打保龄：美国社区的衰落与复兴》，刘波等译，北京大学出版社，2011，第 206 页。
② 徐笑梅、陆学军、俞函斐：《互联网嵌入对社会资本的影响研究》，《世界科技研究与发展》2014 年第 6 期。

许丹红利用中国各省统计年鉴，采用多维度模型方法并结合互联网使用动机与网络构建密度进行分析，其结果表明互联网的社交使用更能增加网络社会资本，网络密度越大，则社会资本的增长效果越强。[①] 黄荣贵等学者对上网活动进行分类，通过对上海市常住居民进行随机抽样调查，形成 1736 份样本数据，分析结果表明，即时通信等人际沟通活动有助于维系较大规模的朋友网络，虚拟社区参与行为有助于培育和维系虚拟社会资本关系。[②] 张梁梁等学者的研究证实，"以电话或互联网使用量为替代指标的社会资本在 1% 的显著性水平上证实了社会资本积累对经济增长具有显著的正向影响"。[③]

综上所述，基于对各研究文献的梳理发现互联网之于社会资本的积极效用大于其负功能，同时社会资本之于经济内生增长的效应不低于人力资本与物质资本。与此同时，在后工业时代互联网已然充分发挥其价值不断增强社会成员间的联系能力，资本已经不单纯指有形的劳动生产资料，而是更多地表现为不断降低传输成本，促进合作共赢的数字化信息。

（三）互联网推动社会资本激活内生动力

互联网催生的"虚拟社区"促使社会成员通过网络进行沟通、交流与互动，并在网络空间产生社会聚集体。互联网通过合理的组织和运作不仅能够成为虚拟社会中人际互动与信息交流的平台，亦能直接对现实生活产生深刻影响。与此同时，当其规模效应在现实中被激发时甚至能够促使社会资本呈现几何级增长，并且对公共参与起到较好的示范效应，其对于社会整合起到其他方式无法企及的效用。由此不难看出，互联网既可以造就"原子化"的个人，使得个性化程度较高的生活方式得以实现，亦能够依托自身衍生出"虚拟社区"并构建良好的人际交往平台，进而创造大量的社会资本，促进社会整合的良性运转。

扁平化的网络组织结构有益于社会资本激活内生动力。首先，扁平化的

---

① 许丹红：《互联网使用动机、网络密度与网民社会资本》，《青年研究》2016 年第 6 期。

② 黄荣贵、骆天珏、桂勇：《互联网对社会资本的影响：一项基于上网活动的实证研究》，《江海学刊》2013 年第 1 期。

③ 张梁梁、杨俊、张华：《社会资本的经济增长效应》，《财经研究》2017 年第 5 期。

组织结构能够减少中间层次，有助于推动沟通渠道与信息渠道的通畅并降低社会融资与市场交易成本，逐步加强组织内社会成员的交流和联系，进而建立起相互信任与相互合作的稳定关系，减少机会主义和"搭便车"行为的发生。其次，扁平化的网络组织能够有效分权，进而充分发挥基层组织的主动性和创造性，从而有助于把个人的社会资本转化为各个社会组织的社会资本。与此同时，要重视非正式网络组织之于社会整合的积极功能。非正式网络组织中个体成员组成的聚集体是基于某些共同点自发形成的，从而对个体成员的知识与情感产生积极效应，逐步强化个体成员之间的情感联系，进而形成一种较为融洽的氛围，不断提高个体之间的合作意识，从而有助于非正式网络组织目标的实现。对于城市治理与社会整合而言，各地区在注重招商引资的基础上，要着力吸引和服务本地社会资本的投资，强力激发内生动力，促进各地区的社会整合良性运转。

以互联网为基础的大数据、人工智能、云计算和区块链等技术，使资源整合进入大整合时代。互联网自21世纪初期先后冲击纸媒、通信、零售、金融与教育等行业，其发展的逻辑脉络是自易到难依次渗透到表征为低效率、多痛点与大空间等特征的行业中。互联网的"连接"意义成为商业模式的核心，同时人与服务的连接催生了一大批在线服务商业企业，这些企业通过提高其运行效率，获得增量价值。以滴滴打车软件为例，在移动互联网出现之前，用车需求与车辆供给之间的信息不对称问题一直存在，用车需求者不能实时把时间地点提供给车辆供给者，而供给者也不能实时告诉需求者自身何时能够提供服务，互联网促使信息从不对称转化为对称，需求者可以把自己的位置与用车需求发散出去，供给者可以获取用车信息，亦能够把自身的服务需求推送出去。在无屏、移动、远场状态下，以语音为主，键盘、触摸等为辅的人机交互时代正在到来。

四 互联网为社会就业创造巨大效益

互联网经济对传统商业模式的颠覆，企业在谋求自身发展时不断强化创新以及全方位利用大数据对客户需求的精准把握，实现了现代企业的转型升级。"信息化生产的生产力和竞争力奠基于知识的产生和信息的处理。知识创造和科技能力是公司之间、各种组织之间，以及最终的国家之间竞争的关键工具。"① 新型互联网平台是一个开放共享的生态空间，在那里，每个个体能够自由选择信息和资源的共享。个体的聚合强化了互联网生态圈并对经济社会发展产生了巨大的创造效应，同时拓宽了社会流动渠道，推动了中国职业结构的升级乃至整个社会阶层结构的升级。

（一）经济效益：互联网为就业创生巨量财富并拓宽产业发展空间

习近平总书记指出："中共十九大制定了新时代中国特色社会主义的行动纲领和发展蓝图，提出要建设网络强国、数字中国、智慧社会，推动互联网、大数据、人工智能和实体经济深度融合，发展数字经济、共享经济，培育新增长点、形成新动能。"② 随着国家重视力度的不断加大，企业的积极参与和人民消费观念的转变，互联网经济进入高速发展阶段大有可观。与此同时，在互联网迅猛发展的背景下，以数据资源为核心、信息技术为内生动力的多元融合的数字经济已然成为一种新的经济形态。"2018 年，我国数字经济规模达到 31.3 万亿元，按可比口径计算，名义增长 20.9%，占 GDP 比重为 34.8%。"③ 2009~2019 年，互联网覆盖范围逐步扩大，入网门槛逐渐降低，智能手机与电脑的使用时间迅猛增长。"数亿部电脑和手机就形成了中国民众自由发表言论的巨大平台，构成了中国民众自由进行思想交流的巨大网络，甚至成为一些社会成员尤其是年轻网民自由进行日常生活如购买各种商品和服务的生活网络。"④ 互联网领域对于中国经济发展所形成的重大效用已成为不争的事实，亦逐步成为全球新一轮产业竞争的制高点与关键驱动力。各领域企业参与电子商务的热度不断提高，网络消费的持续升级促使中国互联网经济的显著发展。互联网信息技术的发展，极大地提高了社会成

① 〔美〕曼纽尔·卡斯特：《网络社会的崛起》，夏铸九、王志弘等译，社会科学文献出版社，2001，第 144~145 页。
② 《习近平致第四届世界互联网大会的贺信》，《人民日报》2017 年 12 月 4 日。
③ 中国信息通信研究院：《中国数字经济发展与就业白皮书（2019 年）》，2019 年 4 月。
④ 吴忠民：《社会公正论（第三版）》，商务印书馆，2019，第 341 页。

员处理信息的能力和使用的效率，减少了信息之间的屏障，增强了劳动分工意识，促使网络经济与实体经济相互融合。一种利用网络空间开展经济活动以实现双赢的新经济模式日益普及。

《中国统计年鉴 2018》显示，在增值方面，2017 年中国 GDP 为 785770 亿元，其中第三产业生产总值为 402428.8 亿元，2017 年第三产业增加值为 29643.8 元，第三产业占 GDP 比重达到 50%以上；在增速方面，2017 年第二产业的增速为 5.7%，第三产业增速为 7%，再次超过第二产业的增长速度。[①]"第三产业的迅猛发展及'互联网+'新业态的兴起促使互联网技术进步对第三产业的贡献率大于第二产业，并且由于生产性服务业的生产率提高迅速，这会共同驱动产业结构升级。"[②]"互联网和第三产业都是推动我国经济发展的重要动力，且二者的关系十分密切，第三产业中文化产业、金融业和服务业的发展都离不开互联网的支持。互联网的迅速发展降低了第三产业的经营成本。"[③] 经营成本的降低促使互联网技术能被全方位运用到第三产业，经济空间的持续扩大也逐步衍生出互联网教育、互联网医疗和互联网交通等新行业和新领域，这对中国第三产业经济空间的扩展起到的作用不可估量。随着第四次工业革命的到来，以互联网技术为代表的新兴行业促使大批富足劳动力从第二产业相继进入第三产业，第三产业从业人员的比重大幅度上升，现代服务业迅速崛起，已成为经济增长的新亮点和吸纳就业人口的主导力量。

（二）社会效益：互联网提升就业吸纳能力并缓解经济下行压力

如何扩大就业，一直是中国经济社会发展面临的一个重大问题。习近平总书记指出："精准发力抓好就业工作。就业是民生之本。要坚持就业优先战略，实施更加积极的就业政策，创造更多就业岗位，着力解决结构性就业矛盾，鼓励以创业带就业，实现比较充分和高质量就业。"[④] 伴随中国人口

---

① 国家统计局编《中国统计年鉴 2018》，中国统计出版社，2018，第 31 页。
② 徐伟呈、李欣鹏：《"互联网+"背景下中国产业结构转型升级研究——基于互联网技术进步对二三产业生产率贡献的视角》，《宏观质量研究》2018 年第 3 期。
③ 王健、胡海云：《互联网对我国第三产业发展影响分析》，《合作经济与科技》2017 年第 5 期。
④ 中共中央宣传部：《习近平总书记系列重要讲话读本》，学习出版社、人民出版社，2014，第 216 页。

红利的巨大优势，互联网技术的迅速发展提升了劳动就业的吸纳能力，推动了灵活就业。其一，互联网衍生出众多新行业，诸如淘宝客服、网店装修师、外卖配送员、快递员等；其二，许多稳定就业者逐步借助互联网平台从事兼职工作，诸如教师、科研人员、医生、司机等；其三，互联网刺激制造业的创新与发展，促进了就业岗位的增加。互联网是创造就业的发动机，"2018 年我国数字经济领域就业岗位为 1.91 亿个，占当年总就业人数的 24.6%，同比增长 11.5%，显著高于同期全国总就业规模增速。其中，第三产业劳动力数字化转型成为吸纳就业的主力军，第二产业劳动力数字化转型吸纳就业的潜力巨大"。[①]"伴随着改革开放过程，国家逐渐放开对职业分配的控制权。市场化提供了越来越多的自由流动资源，扩大了人们选择职业的自由流动空间。随着国家再分配权力在职业分配中的衰弱，市场选择（人力资本）和个人关系（社会资本）在择业过程中的作用日益凸显出来，积极推动着社会流动。"[②] 劳动者在劳动力市场的灵活自主权不断扩大，尤其是在互联网平台拥有了人力资本赋予的强大的谈判权，这促使劳动者更加自主地选择个人喜欢从事的职业，在为劳动者提供更加优化的就业机会时，也提升了劳动就业质量。互联网时代去中心化趋势愈加明显，任何个体、企业和组织等都有成为热点的概率，重视个体力量，尊重人性是互联网时代企业生存的必然要求。在劳动报酬方面，不同互联网技术的技能劳动者之间产生的差价，促使具备高水平互联网技能的劳动者得到更多劳动收入。高收入作为一种正向激励方法，使劳动者对于提升自身的信息技能和整体素质充满动力，也无形中在增加自身就业机会和劳动收入时，提升了整个社会的劳动就业质量。

改革发展的先决条件是社会稳定，为改革发展创造和谐稳定的社会环境是维稳工作的本质所在。做好经济下行压力下的维稳工作，必须适应经济发展的新常态。经济高质量发展和产业转型升级过程中产生进城务工人

---

①　中国信息通信研究院：《中国数字经济发展与就业白皮书（2019 年）》，2019 年 4 月。
②　郑杭生主编《社会学概论新修（第四版）》，中国人民大学出版社，2013，第 299 页。

员失业、劳资纠纷问题凸显等一系列容易引发社会不稳定和群体性事件的问题。但转型升级是国家经济发展过程的必经之路。与此同时，供给侧结构性改革相继面向市场中高端需求，向高精尖持续调整，说明经济发展不断走向一个更高的平台和出发点。信息化是做好产业转型升级过程中维稳工作的重要手段。互联网的高速发展促使信息传播媒介、民众参与沟通方式和社会舆论生态发生了基础性变革。网络社会与现实社会融为一体，对产业转型升级过程中的维稳工作提出了新难题。面对部分群体通过网络舆论炒作谋求更大利益，部分群体将舆论小问题无限放大形成舆论热点，肆意宣泄个人不满情绪等引起的负面效应时，互联网平台积极运用云计算和大数据分析，针对性开展舆论引导工作，健全信息收集和信息研判机制并逐步完善社会稳定风险管理系统，从而提升维稳工作的时效性。互联网既是新技术和新产业，也是群众生活的新空间。网络生态稳定是社会稳定的关键内容，维护国家主权的新平台和坚守维稳工作的新阵地是互联网的本职要务。

（三）时空效益：互联网提升就业灵活性并降低工作搜寻成本

马克思在其自由时间理论中指出："个性得到自由发展，因此，并不是为了获得剩余劳动而缩减必要劳动时间，而是直接把社会必要劳动时间缩减到最低限度，那时，与此相适应，由于给所有的人腾出了时间和创造了手段，个人会在艺术、科学等方面得到发展。"[①] 社会必要劳动时间的大大缩减势必会增加更多的自由时间，更大限度地推动个体的自由全面发展，"自由必定会促成民众生活方式的多样化"。[②] "过去地方空间是有明确地理边界的局部空间，是人的身体活动于其中的生活空间，是具有相对稳定性的物理空间。而现在网络空间则是信息空间，信息的生命在于更新，不更新的且不断被重复的信息就是噪声。"[③] 在互联网就业模式下，劳动者在工作过程中

---

① 中共中央马克思恩格斯列宁斯大林著作编译局编译《马克思恩格斯文集》（第八卷），人民出版社，2009，197 页。

② 吴忠民：《社会公正论（第三版）》，商务印书馆，2019，第 262 页。

③ 刘少杰：《中国网络社会的发展历程与时空扩展》，《江苏社会科学》2018 年第 6 期。

拥有更多的时间空间自由度，这主要体现在三个方面。其一，碎片化时间的有效利用。伴随互联网的发展，对于兼职和自由职业等工作，众多劳动者利用其碎片化时间自主选择就业时间长短，通过手机 App 自主选择就业类型，与用工单位形成良好的线上沟通。其二，无效益时间的有效缩短。对于全职工作，互联网就业模式使部分就业人群省去通勤等耗费的无效益时间，在提高劳动效率的同时创造更多的劳动价值。其三，空间地域自由度的有效拓展。互联网不仅使劳动者享有时间上的自由权，也打破了劳动力就业的空间地域限制。求职者能够通过互联网找到不同地域和不同类型的工作职位，用工单位也可以寻求到合适优秀的人员有效推动企业发展。空间局限被打破，让跨地区和跨领域合作成为可能，这种就业方式将在金融、贸易和教育等领域全方位显现，这样的合作经营不但可以优化资源配置，而且能够大幅提升资源的使用效能。

工作搜寻方式的转变是实现劳动力便捷就业的首要环节，亦是影响劳动力就业选择的重要因素。1970 年，费尔普斯等经济学家提出了职业搜寻理论。"该理论认为在信息不充分条件下，劳动者需要通过搜寻来了解工资和岗位信息，并通过比较职业搜寻的边际成本和可能获得的边际收益来决定是否继续搜寻。"[1] 依据费尔普斯的职业搜寻理论研判，搜寻成本问题和就业收益问题是劳动者进行职业搜寻的关键影响要素。相较于传统职业搜寻方式，大数据和人工智能技术获取、整合信息和分析数据的能力，极大地扩展人类眼界和认识领域，帮助人类优化知识结构和思维方式，从而更好地把握社会现象之间的相关性或互动性。互联网搜寻的成本低和范围广两大优势有效弥补了传统劳动力市场信息不透明不准确的不足，缩短了职业搜寻时间，促成更多劳动力实现了直接的线上求职。从现实角度看，以"智联招聘""中华英才网"为代表的越来越多的互联网招聘平台的出现为就业搜寻提供了更加优化的平台，通过互联网搜寻就业机会已逐渐成为劳动力实现就业的

---

① 贺金社主编《经济学：回归亚当·斯密的幸福和谐框架（第三版）》（下册），上海人民出版社，2015，第 86 页。

重要渠道。互联网时代的搜寻方式日益丰富，工作搜寻时效性逐步提升，信息传输愈加无延迟，网络技术含量持续提升，职业搜寻方式将从一元向多元转变，并逐渐从数量就业向质量就业转变。互联网在线求职减少了传统求职方式中产生的中介和交通等费用，也充分提升了求职者获得工作的概率和质量。

第二节　互联网为价值整合构建聚力空间

价值整合中的"价值"并非哲学领域所讨论的客观事物之于社会成员等主体的可使用性，而是指现实客观存在中社会成员多元化的价值观念。"社会成员是否具有共享价值是一个社会是否实现有效整合的标志。"[①] 伴随网络社会的迅猛发展，社会价值认同也日益超越个体认同和群体认同的边界，在网络交往中表现为真正意义的价值认同。[②] 网络技术的发展有效扩充了民众的闲暇时间，增进了社会成员之间的交流，促使社会成员的获得感与归属感逐渐增强，同时，网络多元环境的包容性亦有助于增强社会共同体的凝聚力。

一　网络技术发展扩充民众的闲暇时间

（一）闲暇时间是人实现自由全面发展的基础根源

马克思曾在其闲暇时间理论中指出闲暇时间的产生应具备两个基本条件：一是生产力的发展，二是劳动的普遍化。[③] 同时，他认为闲暇时间是"人能够直接用于发展自身各种本质力量的时间，是使'人得到充分发展的时间'"[④]，换言之，即社会成员可以用来进行较高级劳动的自由时间。闲

---

① 涂小雨：《利益、制度、价值：执政党社会整合机制初探》，《黄河科技大学学报》2010 年第 3 期。

② 刘少杰：《网络化时代社会认同的深刻变迁》，《中国人民大学学报》2014 年第 5 期。

③ 曾春燕、卿前龙：《闲暇时间的产生及其经济性质》，《商业研究》2010 年第 4 期。

④ 《马克思恩格斯全集》（第四十六卷）（上册），人民出版社，1979，第 211~226 页。

暇时间理论是马克思主义关于经济学说的重要理论维度之一。通俗而言，闲暇时间是除去社会成员必要的工作时间和必须满足的生理需要时间，而剩下的可自我支配的自由时间。

第一，依照马克思主义闲暇时间理论，社会生产力水平决定社会闲暇时间的总量，经济的快速增长与社会的稳健发展是社会大众闲暇时间增多的根本保障。[①] 与此同时，互联网技术与先进科技的迅猛发展促使社会生产力呈几何式增长，这无疑扩充了诸多社会成员的闲暇时间。近百年来，世界上发达国家的工作时间普遍缩短了一半，当前普遍表现为每周工作五天，每天工作 7 小时。社会生产力的发展程度直接关系到各个国家与社会成员的物质财富的充裕程度，正如马克思所言，到实现共产主义之时，闲暇时间将取代劳动时间成为衡量财富的标尺。当然，亦有学者论证指出，闲暇时间不是不工作，而是个人或家庭为了消费劳动所得而进行的内生性经济活动；同时，富有挑战性和主动性的休闲活动能够有效提升劳动者的素质并提高经济中的产出效率。[②] 综上，只有通过新的网络技术与科技逐步提高社会生产力，提升劳动生产效率，才有可能增加人民的自由闲暇时间，从而满足人的精神性需求与实现创造性发展。

第二，富足的闲暇时间能够满足社会个体的生存需求与发展需要。伴随中国社会现代化进程的迅猛发展，社会成员的利益诉求逐步多样化与细致化，简单的日常休息已不能满足诸多社会成员的基本需要，定期的郊外度假与休养已逐步成为当代社会成员日常生活需求。闲暇时间的增多能够为各阶层劳动者提供充裕的时间，进而通过各种形式的休息疗养得到心理与身体上的放松和愉悦，从而愈加有效地提高劳动生产效率，高效地推动社会生产力的发展。此外，现代社会与传统社会不同，伴随现代网络科学技术的快速更新，信息化、科学化、知识化已成为现代市场经济的基本特征。[③] 知识的陈旧率逐渐升高，社会成员基于适应社会迅速发展的需要，必须持续地学习

① 孙廷华：《加强对闲暇时间与闲暇文化的研究》，《社会学研究》1986 年第 3 期。
② 魏翔、吕腾捷：《闲暇时间经济理论研究进展》，《经济学动态》2018 年第 10 期。
③ 季相林：《人的全面自由发展与闲暇时间》，《当代世界与社会主义》2003 年第 6 期。

并掌握新的知识与技术，不断让自身"充电"。由此，富足的闲暇时间之于社会诸多劳动者而言是十分必要的。另外，当社会大众闲暇时间增多时，也会拉动消费经济增长，诸如文化教育、交通、体育、旅游、商业等各个领域。民众闲暇与享乐时间的增多亦会有效提升社会成员的创新能力，进而直接或间接地为社会创造更多的经济效益。

总而言之，闲暇时间是社会成员生活方式中的重要组成部分之一，闲暇时间的增多有利于促进社会价值多元化，在多元化的社会中更加有效地实现社会群体与社会个体的价值整合。

（二）网络技术为社会成员创造愈加充裕的闲暇时间

伴随互联网技术的日益革新，当前新一代网络技术充分发挥其优化社会资源配置的效用，打破各个行业领域的"信息孤岛"，有效提升了各行业的创新能力和生产效率，进而极大地缩短了社会必要劳动时间并逐步推动整个社会生产与社会结构的革新与发展。与此同时，互联网从根本上变革了传统的单一活动模式，促使民众同时进行多种活动，从而节约更多的劳动时间增补社会个体的闲暇时间。

第一，互联网推动社会阶层的多元裂化，有效提升各行业工作效率。网络技术发挥其独特优势在各行各业广泛应用，大幅提高了整个物质生产和物质消费的自动化水平，劳动生产率的提高亦不断促使劳动时间缩短和非劳动时间延长。例如，外卖订餐缩短了传统餐饮消费在路途上的时间消耗等，同时由网络技术平台衍生的网络会议、网络医疗、网络教育等行业的发展亦压缩了民众在空间距离上的时间消耗，为社会成员节约了大量时间。网络碎片化程度不断提高，有效地节约了许多不必要时间，让社会个体增加了更多的闲暇时间。此外，整个世界客观存在的物理时间均为 24 小时，这对于任何民众都是公平的。伴随社会现代化的高度发展与急剧转型，现代人愈加重视对自身生活时间的安排与管理。互联网的"重叠化"特征能够帮助社会成员实现多种活动同时进行，如智能家务工具解放了人类的双手，远程就可实现同步操控家务或其他事情等，进而诸多独立时间片段被整合重叠，极大地节约了时间，有效提升了社会成员的闲暇时间。

第二，互联网的诞生与网络技术的飞速发展促使民众生活与生产的网络化程度逐步提高。互联网打破了传统时空的限制，诸多行业的劳动时间与空间不再受到时空约束，工作弹性与灵活性真正发生质变，直接或间接地增加了人们的闲暇时间。另外，网络技术优化了民众的生活时间配置，节约出来的时间促使个体劳动者的综合素质逐步提高，进而提高了生产时效，加速了社会财富积累的过程。人民的物质生活得到充分保障，这对于整个国家社会整合的良性运转也具有积极效用。

第三，与以往传统社会相比较，互联网技术的迅速革新使得诸多社会成员从农业与传统工业生产等高强度、高负荷的劳动中解放出来。数据信息化与人工智能自动化生产逐步变革整个生产和交易模式，一方面使社会成员不必为基本生活需求而过度劳动，另一方面大幅提高了劳动生产效率，节约了社会生产的劳动时间，缩短了社会成员的工作时间，进而加速了社会与个人的财富积累，同时也为民众创造出更多的休闲娱乐时间。国家统计局发布的《2018 年全国时间利用调查公报》统计显示，我国居民在一天活动中，有酬劳动和无酬劳动共计 426 分钟，仅占总时间的 29.6%，而个人生理必需活动时间、个人自由支配活动时间与学习培训和交通活动等个人可支配时间占比约 70%（见表 4-1）。这不难推论，互联网技术的发展有效地增加了居民的闲暇时间，进而促使诸多居民利用闲暇时间发展自身兴趣并拓展自己的社会关系。

表 4-1　2018 年我国居民主要活动平均时间

单位：分钟

活动类别	合计	男	女	城镇	农村
合计	1440	1440	1440	1440	1440
一、个人生理必需活动	713	708	718	713	713
睡觉休息	559	556	562	556	563
个人卫生护理	50	48	52	52	47
用餐或其他饮食	104	104	105	105	103

活动类别	合计	男	女	城镇	农村
二、有酬劳动	264	315	215	239	301
就业工作	177	217	139	197	145
家庭生产经营活动	87	98	76	42	156
三、无酬劳动	162	92	228	165	159
家务劳动	86	45	126	79	97
陪伴照料家人	53	30	75	58	45
购买商品或服务（含看病就医）	21	15	26	25	14
公益活动	3	3	3	3	2
四、个人自由支配活动	236	253	220	250	213
健身锻炼	31	32	30	41	16
听广播或音乐	6	6	5	6	5
看电视	100	104	97	98	104
阅读书报期刊	9	11	8	12	5
休闲娱乐	65	73	58	69	58
社会交往	24	27	22	24	25
五、学习培训	27	28	27	29	24
六、交通活动	38	44	33	44	30
另：使用互联网	162	174	150	203	98

资料来源：国家统计局，《2018 年全国时间利用调查公报》，http：//www. stats. gov. cn/tjsj/zxfb/201901/t20190125_ 1646796. html。

第四，"互联网+"战略向社会各个行业的全面发展与渗透，很有可能促使诸多社会成员逐步摆脱就业压力与高强度的工作压力，进而在时间上获得更多的自由。同时，网络信息时代亦创造出更多新的就业岗位，从根本上改变大量现有从业人员的工作范式，并逐步衍生出一些前所未有的新职业。

（三）闲暇时间之于价值整合的意义

互联网技术的革命性发展，极大地提升了人类信息传播的速度并扩大了传播空间，亦逐步缩短了人类的必要劳动时间，为社会个体创造更多的闲暇时间。闲暇时间的增多将诸多民众从狭小的空间中带入更加广阔的社会交往领域，进而接触到更多与自身兴趣、爱好相投的社会成员，从而有利于社会价值认同的有效整合。互联网时代，在社会逐步分化的同时，社会个体获得了较为自由的意愿表达空间，微信、微博、QQ等形式多样的网络环境使个体成员摆脱了时空限制，同时闲暇时间的增多，促使个体拥有更多时间在广阔的网络空间中进行深入交流与沟通，进而形成了数以万计的无数个体与群体共有的社会认同。由此，闲暇时间能够不断激活社会的潜能，促进社会整体创造力的全面提升，从而有助于经济的多样化发展，推动多种经济形态的形成。此外，闲暇时间的增加，不仅为社会个体提供较为富足的个人时间，亦有利于社会成员开展更多的交流，进而有利于社会价值认同的有效整合和社会价值原则的建构。

二　网络共享经济变革民众的生活方式

新中国成立以来，各个时代民众的生活方式都具有鲜明的代表性特征：20世纪70年代以"三转一响"（自行车、缝纫机、手表和收音机）为代表；20世纪八九十年代以"三大件"（电视机、冰箱、洗衣机）为代表；21世纪初期以"新三大件"（汽车、录像机、音响）为代表。自2010年智能终端与移动互联网迅速发展，各种技术载体由"量变"向"质变"演化，进而重构了诸多网民的生活方式，移动智能手机上的社交网络、网上支付和即时配送三大工具成为当今网络时代的"三大件"。互联网平台满足了用户在不同场景下沟通、共享、服务、娱乐、互动等多种需求（见表4-2）。同时，网络应用软件所消费的巨大流量亦推动了各种交易的增长，进而带动了多元化的经济发展，促进了整个社会的利益整合。

表4-2　2020年3月、6月各类互联网应用用户规模和使用率

单位：万，%

应用	2020年6月		2020年3月		增长率
	用户规模	网民使用率	用户规模	网民使用率	
即时通信	93079	99.0	89613	99.2	3.9
搜索引擎	76554	81.5	75015	83.0	2.1
网络新闻	72507	77.1	73072	80.9	-0.8

续表

应用	2020 年 6 月		2020 年 3 月		增长率
	用户规模	网民使用率	用户规模	网民使用率	
远程办公	19908	21.2	—	—	—
网络购物	74939	79.7	71027	78.6	5.5
网上外卖	40903	43.5	39780	44.0	2.8
网络支付	80500	85.7	76798	85.0	4.8
互联网理财	14938	15.9	16356	18.1	-8.7
网络游戏	53987	57.4	53182	58.9	1.5
网络视频(含短视频)	88821	94.5	85044	94.1	4.4
短视频	81786	87.0	77325	85.6	5.8
网络音乐	63855	67.9	63513	70.3	0.5
网络文学	46704	49.7	45538	50.4	2.6
网络直播	56230	59.8	55982	62.0	0.4
网约车	34011	36.2	36230	40.1	-6.1
在线教育	38060	40.5	42296	46.8	10.0
在线医疗	27602	29.4	—	—	—

伴随改革开放的纵深推进与社会的多元化转型,利益分化逐渐加剧,同时社会成员利益意识不断觉醒,传统的单一的经济发展模式已不能满足广大人民的强烈需求。"十三五"规划强调要全方位实施"互联网+"行动计划推进数字中国建设发展生产力,支持基于互联网的各类创新,进而对生产要素进行全面整合和优化。共享经济模式即"产能剩余+共享平台+人人参与",这种模式能够引发共享的思维模式与生活方式,整合线下碎片化资源,优化资源配置,充分发挥协同创新的潜力。国家信息中心发布的研究报告显示,2016 年共享经济平台的就业人数约为 585 万人,参与共享经济的总人数已经超过 6 亿人,[①] 中国共享经济遍布交通出行、美食服务、空间共享等各个领域(见表 4-3)。"共享式改革"与共享经济力图构建一种公平公正、可持续的增长价值观,有利于推进和整合多重利益的价值诉求,使社

---

① 吕本富、郝叶力编著《网络时代的中国》,外文出版社,2018,第 161 页。

会更加公平地分享发展成果，全面实现包容性发展与经济转型，提高发展的质量和效益，进而有效化解经济发展进程中的各种社会矛盾与社会冲突，确保社会的利益整合良性运转，为全面深化改革提供不竭动力。①

表 4-3　中国共享经济各领域企业分布情况

领域	企业
交通出行	滴滴出行、神州专车、哈啰单车、美团共享单车……
美食服务	美团外卖、饿了么、我有饭、爱大厨……
空间共享	小猪短租、途家网、爱彼迎、住百家……
共享金融	陆金所、人人贷、京东众筹……
二手交易	人人车、瓜子二手车、闲鱼……
物流众包	空间客车、达达……
知识教育	百度百科、知乎、在行、猪八戒……
医疗共享	好大夫在线、春雨医生、名医主刀……
自媒体	抖音、快手、今日头条、斗鱼、西瓜视频……

在变革民众支付方式层面，2005 年伴随腾讯公司创立财付通与阿里巴巴支付宝业务的迅速发展，这一年被誉为第三方支付元年，2010 年后市场进入井喷式发展期。根据 iResearch 艾瑞咨询统计数据，我国第三方支付交易规模从 2011 年的 0.1 万亿元增长到 2016 年的 58.8 万亿元，2017 年年均增长率约为 68%，2018 年第一季度增长率高达 95.7%，2019 年第四季度中国第三方移动支付交易规模达到 59.8 万亿元，已超过 2016 年全年额度，同时 2019 年全年交易规模达到 226.2 万亿元（见图 4-2）。我国线下扫码支付交易规模环比增速在 2017 年第二季度达到 104.1%，2019 年全年线下扫码支付规模达到 33.6 万亿元（见图 4-3）。②伴随微信支付的红包功能推广，支付宝的集五福、照片红包等功能的普及与各种应用软件嵌入移动支付，无

① 倪明胜：《共享式改革与包容性发展——利益整合时代的现实逻辑》，《天津行政学院学报》2012 年第 3 期。

② iResearch 艾瑞咨询：《第三方移动支付 2019Q4 交易规模约 59.8 万亿》，http：//report.iresearch.cn/report_ pdf.aspx？id＝3543。

现金支付生活方式的信息化时代逐渐初现。从现实纸币到网络支付的转变，有利于推动社会多元便捷高效发展，为各个不同层面的利益整合提供了便利条件。与此同时，移动支付助推了共享经济的发展，尤其在共享出行和餐饮美食领域为社会大众提供了愈加便捷的服务。

图 4-2　2018Q1~2019Q4 中国第三方移动支付交易模式

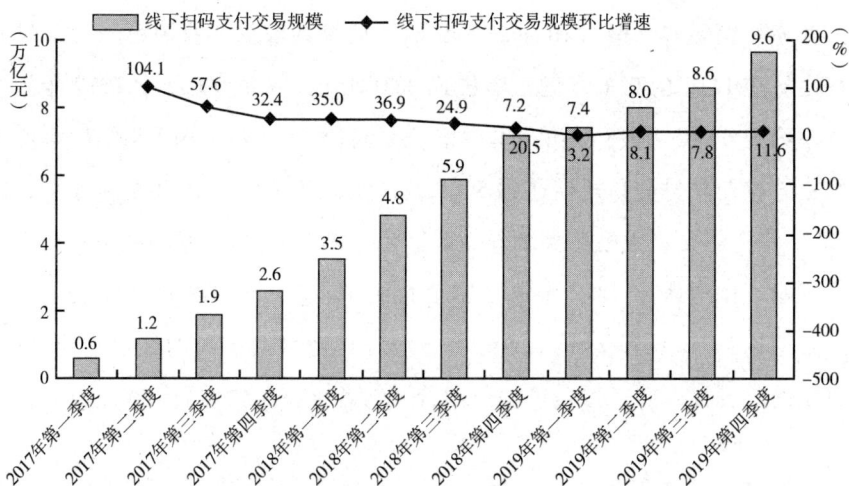

图 4-3　2017Q1~2019Q4 中国线下扫码支付交易规模

在共享出行领域，交通出行领域共享经济的发展起步于 2010 年，基于"行"是高频刚性需求，互联网的普及为共享出行创造了有利条件，经过起步阶段、竞争阶段和分化阶段的发展历程，该领域形成了"一超多强"的市场格局，滴滴经过几次并购一跃成为龙头企业，随之，网约车逐步突破质疑成为共享经济发展最快的领域。第 46 次《中国互联网络发展状况统计报告》显示，截至 2020 年 6 月，我国网约车用户规模达 3.40 亿，占网民整体的 36.2%。① 2016 年 7 月，国家发布政策，正式确认了网约车的合法地位。网约车市场规模扩大的同时，单车、电动车等服务也在各经济较发达城市相继推广。"互联网+单车"的出现不仅救活了已经没落的自行车行业，而且有效缓解了各个城市道路拥堵高峰出行困难的社会难题，还迎合了低碳环保的生活理念，具有重要的社会价值和意义。共享模式为社会成员的交通出行提供了有效供给，在一定程度上改善了城市出行服务的供求关系，缓解了出行信息不对称的难题，释放了社会活力，倒逼交通业进行各种改革，有效地化解了一些由出行引起的社会矛盾与冲突，对于整个社会的利益整合具有积极效用。

在餐饮美食领域，移动互联网的快速普及对传统餐饮企业产生了较为显著的冲击效应。当前，"互联网+餐饮"已经基本覆盖各区域餐饮服务业，网络订餐在社会成员生活中逐渐常态化。餐饮美食领域共享经济的推广普及已经超过出行领域，美团外卖、饿了么、百度外卖、口碑外卖等互联网餐饮平台已成为大众移动手机中的必备应用软件。与此同时，消费者评价餐饮质量的互联网软件也应运而生，这不仅有利于提升餐饮质量，而且伴随用户的好评增多会产生广告效应，由社交消费平台嫁接至各种平台。此外，网络餐饮衍生的配送行业解决了大批社会无业人员的工作难题，这也缓解了一定的潜在社会风险，对整个国家的社会整合起到了一定积极效用。

---

① 中国互联网络信息中心：第 46 次《中国互联网络发展状况统计报告》，2020 年 9 月，第 48 页。

共享经济确立了一种新的普适性的价值理念和导向原则，在支付方式、生活理念、交通出行和餐饮美食等方面带来了全新变革。同时，互联网技术的迭代式革新，逐步解决了消费者与服务商之间信息不对称的问题，这种去中心化、扁平化的特征亦有助于缓解弱势阶层社会成员心理上的贫富差距，有助于强化社会公平、社会信任等正能量价值理念。此外，共享经济是一种新型的具有互补性特质的利益整合方式，能够对新生的多方利益关系和矛盾进行有效统合与协调，进而有助于缓解潜在的社会矛盾与风险。

三　网络空间赋予社会成员归属感

归属感是指个体与所属群体间的一种内在联系，亦指社会个体能够感受到被爱、被尊重与被接纳的一种生活需求。伴随中国城市化与现代化进程的加快，大量人口涌入城市，进而促使城市规模急剧扩张，城市人口无限膨胀。逐渐产生房价高涨、交通拥堵与环境污染严重等社会问题，这些问题让社会大众普遍认为城市缺少归属感。马斯洛需求层次理论把归属感列在第三层次，其仅次于生理需要和安全需要，是社会成员基本的情感需求（见图4-4）。诚然，城市归属感缺失的主要原因涵盖："复杂社会分工引起的个体交往分散化，市场经济制度与货币化对人性的消磨，城市人口独特性对精神生活的影响，城市社区类型转变造成的社会资本下降与人性的异化等"[1]。互联网的飞速发展促使以微信、微博为代表的一系列网络元素打破了原有的社会边界和交往模式，扩大了"生活共同体"的概念，进而建立了一种虽然不是面对面却彼此熟悉、信任和相互依赖的"虚拟社区"或"半熟社会"。[2] 与此同时，也创造了各种社交平台并形成一些约定俗成的网络"黑话"，使得身居异乡的社会个体拥有一定的归属感，对于社会整合具有良好的积极效用。

---

[1] 朱富雷：《找寻城市归属感：基于弗洛姆"人性异化"的分析视角》，《安庆师范学院学报》（社会科学版）2016年第5期。
[2] 王迪、王汉生：《移动互联网的崛起与社会变迁》，《中国社会科学》2016年第7期。

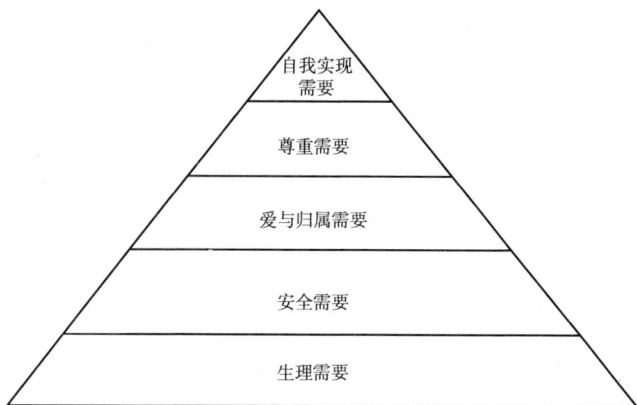

图 4-4　马斯洛需求层次理论

（一）"朋友圈"与微信群聚合社会个体

自古以来，中国强调伦理关系的"集体主义"，且中国民众习惯于将自身归属于某一集体或团体，并从其中获得归属感与安全感。中国传统文化讲究礼制且长久秉持夫礼者定亲疏、别同异的人与人相处的原则，因此"物以类聚人以群分"的说法在中国得到多数民众的认同。传统媒体的传播中主要包括报刊、广播与电视等相关媒介，其在时间与空间上具有相对局限性。互联网技术的日益革新打破了传统时间和空间限制，为民众提供了新的维系社会人际关系的工具。现代归属感与传统归属感具有显著差异，网络公共空间为解决现代社会成员归属感问题提供了有效平台，将网络公共空间的效用最大限度发挥，继而充分赋予现代民众充足的归属感意义重大。

"微信作为社交媒体和即时通信工具与移动互联网相结合被称为第三代互联网系统，或者称之为 web3.0。"① 第三代互联网系统与新媒体平台促使社会个体保持时刻联网、即时互动的状态，进而形成了各种形式与关系相叠加的"朋友圈"与微信群。在新时代的国情下，"朋友圈"与抖音等短视频社交平台日益成为主流媒体宣传直达与正能量传播的主要通道之一，此外，

---

① 吕本富、郝叶力编著《网络时代的中国》，外文出版社，2018，第 190 页。

"朋友圈文化和主流文化亦互相补充成为新时代的基本特征"。① 依托互联网平台,以往社会个体的血缘关系、业缘关系与地缘关系变成了无数同心圆,社会人际交往逐步形成无限扩大的圈层结构。微信"朋友圈"的圈层关系是对现实社会人际关系的真实映射,分享"朋友圈"是社会个体实现自我标签化的一种潜意识需求。微信负责人曾指出,微信"朋友圈"原本是鼓励发图片,以文字为辅的,开发者认为图片是最好最直观的介质。但令开发者未曾料想的是"朋友圈"的设计引发了广大民众前所未有的参与热情,并为社会个体开启了一个新的交流方式与具有归属感与存在感的新世界。另外,中国自古以来就是一个注重人情与关系的社会,互联网社交平台与其即时通信功能正是契合了中国传统文化中的这种关系情结,因而得以迅速普及并被广泛使用。第 46 次《中国互联网络发展状况统计报告》显示,截至2020 年 6 月,微信"朋友圈"使用率为 85.0%,与 2020 年 3 月基本持平;QQ 空间、微博使用率分别为 41.6%、40.4%,较 2020 年 3 月分别下降 6.0个、2.1 个百分点(见图 4-5)。②

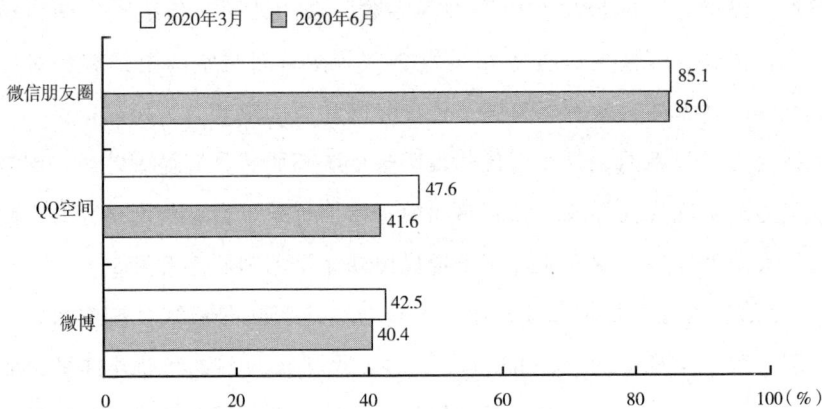

图 4-5 2020 年典型社交应用使用率

---

① 吕本富、郝叶力编著《网络时代的中国》,外文出版社,2018,第 190 页。
② 中国互联网络信息中心:第 46 次《中国互联网络发展状况统计报告》,2020 年 9 月,第34 页。

由数据不难判断,当下的"朋友圈"已然成为众多社会个体重要的"常驻阵地",与微博不同,"建立在强大关系体系中的朋友圈是由关系产生内容,而非内容产生关系,从这个角度讲,微信在社会意义上更加注重关系"。① 在此基础上,"朋友圈"逐渐形成一种文化,不断发挥其黏合社会个体的积极效用。与此同时,伴随网络媒介技术和交往模式的变化,乐于分享与获取关注点赞成为新生代网民获取归属感的重要途径之一。

微信中的群组设置是各个方面话题的发源地,任何网络社会个体都可以根据自身需求创建群聊小组并且将特定的或趣缘相同的民众拉进群组,进而实现自由沟通与交流。创建群组的人自然成为"群主",群主作为群组的创建者与重要维护者,理应肩负起管理群组、活跃气氛与维系群组热度的责任。此外,群组的功能与中国人本性乐于聚集的性格特点相契合,因而其能够迅速推广并产生实质性效果。与此同时,互联网正在重新定义家庭,"家庭圈""家族群"已然成为每一个社会成员与家庭亲戚维持联系的重要方式,其从本质上变革了传统家庭或大家族的联系方式,打破了时空的限制,促使家庭亲密关系由物理空间转移到网络空间,通过在群组中的"碎片化"信息传递促使社会个体获得越来越多的归属感与安全感,并达到愈加良好的"黏合"效果,促进社会整合的良性运转。

(二)网络亚文化赋能个体自我认同感

伴随互联网技术的下沉与普及、大量移动 App 的巨量应用,网络亚文化不再是过去带有贬义色彩的文化符号,亦不是传统与主流文化相对抗的非主流文化,而是充分显现其在互联网时代鲜明的社交性和认同性的新兴文化。当前的网络亚文化逐步激活并影响传统文化与地域文化,诸如《奇葩说》《乘风破浪的姐姐》等网络综艺节目,已然成为资本对各类亚文化群体进行整合的重要动力。同时,基于不同兴趣、不同阶层和不同地域,诸多网民能够在网络亚文化传播的空间中不断实现身份的区分与认同,"网络亚文化的参与者凭借着对特定的亚文化资本的获取和社区内部的符号生产与交

---

① 吕本富、郝叶力编著《网络时代的中国》,外文出版社,2018,第 199 页。

换，实现对自身的价值肯定与社区内部共同文化的建造"，① 进而实现自我认同和集体归属的目的。

虽然互联网时代社会成员的归属感获得体验或许会变得廉价与短暂，比如民众在手机上长时间刷微博、抖音等应用软件或在某网络大 V 的言论下复读机式的刷梗，但不可否认的是社会成员确实能够从无数热点与评论中寻求到各种群体归属感并达到实现自我认同的目的，类同的归属感"快餐"每日都在社交网络上被快速消费。与此同时，根据 2018 年宜家发布的一份全球研究报告，全球大约 1/3 的民众已经能够从自身住处以外的其他空间感受到归属感，民众之于归属感仅限于家庭的定义不再那样绝对与单一，集体归属感逐渐变得流动起来。

（三）同城网络自组织提升个体的社区归属感

尼古拉·尼葛洛庞帝曾指出："网络真正的价值正越来越和信息无关，而和社区相关。"② 基于社区的相关定义，同城网络自组织当前已成为新的社区形式之一。首先，同城或同区域的地理位置为提升个体的归属感提供了地区性的社群基础。其次，互联网的开放性与自由性促使社区居民凭借自身兴趣与需求随时加入或随时退出与自身爱好相同的同城网络自组织，进而增强社区的流动性。例如，利用微信或 QQ 等手机移动软件创建的同城篮球群组织、羽毛球群组织和志愿者群组织等。此外，当一些同城网络自组织发展较为成熟时，其中的发起者、组织者和参与者基于现实社交的需求希望建立一些同城的社会联系和社会资本，进而从另一方面提高了这些群组织的稳定性。这些城市自组织的大量自发构建满足了社会成员的兴趣和社交需求，进而逐步提升了社区民众的归属感。与此同时，"线上的沟通与线下同城活动参与，拓展了本地的亲密关系，在城市居民中建立了共同的情感与记忆"。③

---

① 郑焕钊：《在分享互动中寻找自我认同和归属感》，《中国青年报》2020 年 9 月 11 日，第 2 版。
② 〔美〕尼古拉·尼葛洛庞帝：《数字化生存》，胡永、范海燕译，海南出版社，1997，第 214 页。
③ 史梁、方刚：《"脱域"的"再嵌入"——同城互联网自组织与城市社区归属感》，《新闻界》2016 年第 19 期。

四　网络多元价值环境助力共建社会共同体

网络环境即围绕网络主体构建的外部空间、条件与状况等相关内容。伴随互联网时代信息化的快速发展与互联网的全面普及，社会成员的日常生活已然趋于"网络化"，多元化的网络环境在加快社会分化的同时，亦增强整个社会共同体的凝聚力。

（一）社会主义核心价值观成为网络主流声音

价值整合的核心是社会成员思想的整合，一个社会的价值整合关键取决于其主流社会思想得到社会成员的广泛认同并成为其行动的基本原则。[①] 伴随互联网的迅猛发展，社会价值观念日益多元化和利益分化不断加剧，中国共产党作为执政党要进行良好的价值整合，必须充分发挥主流社会思想的整合效用。同时，实现价值整合不仅是中国共产党进行社会整合的思想基础，亦是促使一个社会实现高度整合、良性运转的社会整合的奋斗目标。

首先，2012 年，党的十八大报告明确提出了以"二十四字"[②] 为基本内容的社会主义核心价值观。2017 年，习近平总书记在党的十九大报告中指出，要把社会主义核心价值观融入社会发展各方面，转化为人们的情感认同和行为习惯。[③] 党和国家的高度重视为社会主义核心价值观在网络空间的传播奠定了政治基石并提供了强有力的支持。同时，以此为主流声音整合各种网络空间资源，将推动我国网络大环境呈现一种良好的价值传承与创新态势。

其次，面对各种网络空间中信息污染、西方"网络文化殖民"的侵蚀、文化霸权主义的危害，国内网络空间环境与每一个网民的道德素养和网络行

---

① 刘惠：《利益分化下中国共产党的社会整合研究》，博士学位论文，西南交通大学，2011，第 106 页。
② 郭建宁主编《社会主义核心价值观基本内容》，人民出版社，2014，第 9 页。
③ 《党的十九大报告辅导读本》，人民出版社，2017，第 52 页。

为息息相关。意识形态的趋同性是整合一个社会的精神纽带，[①] 在此基础上构建的价值整合，不仅具有外在的规范与限制，亦具有因社会认同而形成的社会个体之间的内在相互监督与约束。习近平总书记指出："做好网上舆论工作是一项长期任务，要创新改进网上宣传，运用网络传播规律，弘扬主旋律，激发正能量，大力培育和践行社会主义核心价值观，把握好网上舆论引导的时、度、效，使网络空间清朗起来。"[②] 积极发挥社会主义核心价值观的导向作用，有利于净化我国的网络空间环境，树立良好的网络文明之风。

最后，网络信息时代互联网成为社会成员生活中不可或缺的部分，同时，各种社会思想充斥于网络空间，信息传播的即时性与自由性使得其极不易控制，易导致诸多社会成员丧失理性判断，成为"群体性狂欢"现象中的一名"乌合之众"，由此，巨量的网络垃圾不断侵蚀社会主流意识形态甚至影响国家的意识形态安全。因而，夯实社会主义核心价值观在网络空间中的主导地位，促使其成为网络空间的主流声音，有利于强化社会个体之间的价值认同，有利于增进社会成员之间的认同感并增强社会凝聚力。

（二）网络多元化环境增强社会共同体凝聚力

帕森斯曾指出，社会共同体即"社会"范畴的核心结构，古代社会称之为"民族""城邦"，现代社会则较多称其为"国家"。[③] 在人类历史进程中，社会或社会共同体不断经历着分化和进化，随着此过程的不断延续发展，人类社会已经从最初的整体性社会发展为当今高度分化的社会。[④] 与此同时，社会共同体作为社会的主要功能即整合功能，其主要发挥着包容与规范作用，进而增强国家与民族凝聚力（见表4-4）。

---

① 黄传新、吴兆雪等：《构建和谐社会与意识形态建设》，安徽人民出版社，2007，第198页。
② 《习近平：总体布局统筹各方创新发展　努力把我国建设成为网络强国》，《人民日报》2014年2月28日，第1版。
③ 赵立玮：《规范与自由：帕森斯社会理论研究》，商务印书馆，2018，第229~230页。
④ 赵立玮：《规范与自由：帕森斯社会理论研究》，商务印书馆，2018，第229~230页。

表 4-4 社会结构（或更一般意义上的社会系统）

子系统	主要功能	结构性成分	发展过程诸方面
社会共同体	整合	规范	包容
模式维持或信任	模式维持	价值	价值一般化
政治体	目标达致	集体	分化
经济体	适应	角色	适应性提升

　　物质富足这一基础条件是增强社会共同体凝聚力的根本保障，亦是整个社会发展状况的决定力量。伴随互联网时代信息化的快速发展与互联网的全面普及，社会个体的交往方式与交往关系也发生变革，网络多元化特征的凸显亦标志着整个社会物质经济水平的大幅提升。当前，社会成员的日常生活已基本趋于"网络化"。网络多元环境能够满足社会成员不同的利益需求，促使更多成员之间形成共同的价值认同和生活方式并建立共同的利益关系，使得社会个体获得身份、地位和权力，进而提升民众的获得感和归属感并增强整个社会的凝聚力。

　　网络多元文化是提升社会共同体凝聚力的精神助推力。一个社会共同体的存在和发展既需要强大的物质基础保障，亦需要文化精神的血脉传承。在当今时代，维系和发展一个社会共同体需要普遍提升社会成员的文化自觉。社会成员在生活与生产过程中形成各种社会关系即人际交往的主要实质内容，其表征为每个社会个体独特的思想、情绪、价值观与行为模式在社会中的表达。社会存在决定社会意识，价值观是社会成员对社会存在的反映。多元化的价值观是不同阶层社会意识的不同表现，而社会整合的目的是将这些不同的阶层意识统一起来并共同推动社会的发展。多元化的价值观有助于社会成员的思想解放，促使社会意识愈加多样化，进而有助于社会成员多维度、多途径地适应社会的变革发展并能够从自身出发寻求实现个体价值的最佳路径。因而，多元化的价值观对于社会整合的良性运转具有一定的积极效用。

　　当前，网络空间下各种文化思想以无限延展态势传播，在积极培育和践行社会主义核心价值观的前提下，应包容各种形式的网络多元文化价值观，全面推进社会个体个性与社会性的有机统一，从而更有利于在高分化的社会状态下实现高整合的社会发展目标。同时，提升文化信仰是增强社会共同体凝聚力的另一重要路径。总而言之，现代化信息社会的价值诉求和利益诉求均表征为多元化，网络多元环境促进了社会整体与个体物质财富的增加，亦通过社会主义核心价值观的主导与传播不断增强社会凝聚力，即所谓"人类命运共同体"既是通向马克思理想社会共同体的有效形态，亦是对马克思理想社会共同体的继承与发展。①

第三节　互联网为制度整合提供有力保障

何谓制度，道格拉斯·C.诺斯在其著作《制度、制度变迁与经济绩效》中这样定义，制度是一个社会的游戏规则，就规范层面而言，制度制约着社会成员之间的一些相互关系。② 一般而言，制度指要求社会成员共同遵守的行动机制与准则，亦指一定历史条件下形成的法令、礼俗等规范。制度整合机制作为执政党社会整合的基础，其促使执政党理性地迎合政治参与的扩大和应对执政过程中的矛盾和危机。③ 与此同时，制度具有确定性、稳定性、强制性、较强的调控性与适应性等特征，能够基于特定的框架与准则对社会成员产生极大的约束力。互联网技术的不断革新推动了社会经济的发展，同时也为社会制度的有机整合提供了有力保障。新一代大数据技术有助于强化社会风险预警机制，区块链技术有助于完善政务问责机制，互联网的进一步公开透明有助于强化网络监督机制，促进政务公开与社会公正，进而保证公共权力的合理施行。

---

① 李丽丽：《马克思理想社会共同体思想的三个向度》，《广东社会科学》2020 年第 5 期。
② 〔美〕道格拉斯·C.诺斯：《制度、制度变迁与经济绩效》，刘守英译，上海三联书店，1994，第 3 页。
③ 涂小雨：《转型期中国共产党社会整合机制研究》，博士学位论文，中共中央党校，2010，第 37 页。

一　大数据强化公共危机预警机制

相较于危机，学术界对于公共危机概念的界定相对较少。有学者认为，公共危机是社会遭遇天灾、动乱或冲突等之后，社会秩序受到严重破坏，人民财产和国家安全受到威胁的一种非正常状态。[①] 公共危机一般指发生在公共领域内，受到非传统安全，如天灾、事故和社会安全事件等威胁的一种紧张状态。[②] 与此同时，本书主要通过分析大数据技术对于应对新冠疫情的积极效用，从而进一步解释大数据如何强化公共危机预警机制。

（一）大数据的特征及其优势分析

习近平总书记强调："要鼓励运用大数据、人工智能、云计算等数字技术，在疫情监测分析、病毒溯源、防控救治、资源调配等方面更好发挥支撑作用。"[③] 从大数据对于信息的处理逻辑与其特征探究，大数据的技术处理过程表现为：数据采集—数据加工—数据应用预测三个步骤。数据采集通过信息的广度与深度发生变化，同时其不受时空限制，"实效性"较强，进而成本较低。在数据加工方面，新一代技术的传输、存储显著加强，计算成本急速降低；可计算范围逐渐扩大，同时物物相联的可能性加大。在数据应用预测方面，大数据能够不断通过事物建立的新关系形成新的认知，应对能力的实时性增强，伴随应用需求的巨量增加，科学发现的第四范式技术的创新和推广进一步拓宽了大数据的应用空间。

与此同时，习近平总书记指出，"互联网核心技术是我们最大的'命门'，核心技术受制于人是我们最大的隐患。"[④] 当前，大数据技术已然是我国的核心互联网技术之一，基于大数据技术建构公共危机预警机制具有以下几个优势：其一，大数据的云储存功能几何级地扩展了数据储存空间，并且

---

① 吕瑛：《政府公共危机管理的战略思考》，《内蒙古大学学报》（人文社会科学版）2005 年第 2 期。
② 韦彬：《跨域公共危机整体性治理研究》，知识产权出版社，2019，第 24 页。
③ 熊辉、赖家材主编《党员干部新一代信息技术简明读本》，人民出版社，2020，第 9 页。
④ 习近平：《论党的宣传思想工作》，中央文献出版社，2020，第 197 页。

能够同时输出大量的有效信息，提高了信息数据的提取效率。其二，大数据的云端技术能够迅速追踪并定位社会上分散多元的信息数据，同时能够将已经整合处理的信息进一步筛选、评估与预测，通过后台超级计算机分析并提取出对应社会需求的信息。其三，大数据使得社会成员时刻关注到灾害等事件的变化情况，能够有效推动预警单元下沉，提升以社区或工作单位为单元组织的预警敏感性，进而不会由于信息的滞后性破坏社会秩序的稳定。其四，大数据时代变革了传统公共决策的运作模式与基本逻辑，其在数据计算上愈加精准，逐步提升了政府对于公共危机的应对与治理能力。充分明晰大数据的特征与优势，有助于强化公共危机预警机制，进而维护社会秩序稳定。

（二）大数据助力抗"疫"并强化公共危机预警机制

新冠疫情突袭而至，在抗"疫"过程中，大数据已然成为各大新闻媒体频繁报道的一个热词，其在疫情预警、人员追踪、物资调配和政务决策中都发挥了至关重要的积极效用，为迅速形成"群防群治，联防联治"的疫情网络化防控格局提供了强有力的数据支撑。大数据技术在抗"疫"中的多维度、全方位应用，正式验证了新一代先进的互联网技术之于预警与防范社会公共危机的重大意义。

第一，党与政府重视大数据技术的发展，实施国家大数据战略，加快建设数字中国，在抗击新冠疫情中充分彰显大数据的独特优势。习近平总书记在十九届中共中央政治局第二次集体学习时强调："大数据发展日新月异，我们应该审时度势、精心谋划、超前布局、力争主动，深入了解大数据发展现状和趋势及其对经济社会发展的影响，分析我国大数据发展取得的成绩和存在的问题，推动实施大数据战略，加快完善数字基础设施，推进数据资源整合和开放共享，保障数据安全。"[①] 另外，充分发挥中国共产党的社会整合能力，不断实现人民对美好生活的向往。[②] 在党的科学部署与领导、各行业人员的不懈努力、全国人民的同心协力下，中国抗"疫"已经取得胜利。

---

① 《习近平新闻思想讲义（2018年版）》，人民出版社、学习出版社，2018，第141页。

② 朱前星等：《民族地区中国共产党的执政道德建设与社会整合能力研究》，人民出版社，2020，第84页。

同时，这与国家充分利用大数据的功能有着密切关系。正如李兰娟院士所言，以大数据技术为代表的信息与网络系统已经成为现代社会的中枢神经，大数据的高效运转与其研判，对于此次抗"疫"中传染病发生、发展情况分析和疫情预测发挥了重要作用。[①]

第二，大数据即时发出预警信号，提前预判疫情发展态势。一方面，大数据技术将全国医疗和公共卫生机构上报的相关传染性病例进行线上的数据整合，同时整合历次规模性暴发的疫情病例材料，进而充实数据库，并通过大数据整合分析预测流行疾病的发生时间。另一方面，预警的作用是防止传染性疾病等事态集中爆发并迅速扩大，大数据促使政府、公共卫生组织与医疗机构、社会大众实现实质联动。

第三，大数据能够及时追踪和甄别密切接触者，符合"数战数决"的时代要求。传统的追踪方式主要是依靠纸质填表和入户访谈，耗费时间多、精力大并且数据不精确。大数据依靠自动采集方式，通过健康二维码扫描、手机 GPS 定位与关键词搜索及时监控与定位密切接触者的行动轨迹，从而极大提升社会动员能力，为疫情防控节约大量宝贵时间。有学者通过将传统人口数据与大数据进行比较得出结论：人口流动是疫情传播的最主要因素，大数据能够实现实时的预防与预测功能。[②] 中国疾病预防控制中心流行病学首席专家吴尊友认为大数据能够从宏观上反映各地的布控情况与疫情曲线变量。微观上社会成员的定位主要基于大数据的共享与整合，大大提高甄别效率、控制疫情传播，从而不断优化与完善公共危机预警机制。

第四，大数据为社会舆情引导和治理机制提供数据支撑。一方面，大数据结合每日更新的数据库，推演预测舆情演变态势、主体行为逻辑和易爆发舆情关键节点，进而通过各种数据分析与危机风险评估，形成具有针对性的应急方案，为舆情治理提供科学化的数据支撑。另一方面，大数据能够打破

---

① 李兰娟：《大数据下的数字化，在疫情防控中发挥重要作用》，https://www.tmtpost.com/nictation/4535619.html，2020 年 7 月 11 日。

② 刘涛、靳永爱：《人口流动视角下的中国新冠疫情扩散时空动态——传统数据和大数据的对比研究》，《人口研究》2020 年第 5 期。

时空限制与传统单一的垂直管理模式，形成政府主导、多元主体参与互通的无延迟治理模式，充分发挥政府的纵向协调能力与各网络主体的横向互通互联能力，形成多维度智能化数据化的决策治理机制。与此同时，大数据能够实时发布全国疫情情况，辟谣各种不准确信息，促使社会大众及时了解疫情态势，引导公众理性应对疫情。

第五，大数据有助于公共危机预警机制外在与内在的有机协调统一。在外在制度方面，大数据能够强化网络韧性，净化网络公共空间，为政策的制定与实施提供更加有利的网络环境。在内在制度方面，提升社会大众的信任度是制度建设的重要目标，大数据有助于信息的公开、公正与透明化，同时有助于构建政府与社会大众的信任关系。有学者指出，实现制度整合需要加强制度建设，强化制度规范以提高社会成员的预见性和信任度，同时通过法律规范等正式制度以及乡规民约等非正式制度的有机结合，形成一个以制度为边界的约束性体系，以制度来应对社会矛盾。① 总而言之，只有充分发挥大数据的积极效用促使公共危机预警机制产生根本性变革，才能更好地应对多元化社会高度复杂性与不确定性交织并存的各种公共危机。

二 区块链技术强化问责机制

经过多年的快速发展，互联网技术已全方位应用于中国的各个行业领域。然而，互联网极大地促进经济发展与加速社会变革的同时，网络犯罪与私权滥用现象也层出不穷，如网络公益众筹骗捐、诈捐乱象频发。如何治理这一网络犯罪，一直是社会各界人士关注的重点。

区块链作为一种新兴的网络信息技术，其主要是集分布式数据存储、点对点传输、共识机制、加密算法等计算机技术于一体并在互联网时代得到应用的创新模式。② 区块链网络是一个不可篡改的分布式账本，能够打破传统

---

① 王道勇：《从社会整合到社会合作：社会矛盾应对模式的转向》，《教学与研究》2014年第7期。

② 中国区块链技术和产业发展论坛：《中国区块链技术和应用发展白皮书（2016）》，2016年10月，第1页。

的数据垄断，同时其共识机制能够通过获取权益的数学算法构建不同节点间的信任关系，从而有效地防止权力滥用和技术"作恶"，并逐步强化与完善问责机制。

（一）区块链技术促进社会信任与社会共识的耦合

区块链技术已被当今社会网络技术专家称为"信任的机器"。基于政府信任构建视角，有学者指出，区块链技术能够提高政府的公权可信度，实现多方主体良性互动和相互信任，进而形成良好的政府信任生态环境。[①] 基于维护社会秩序的视角，有学者指出，区块链技术的共识机制能够减少社会矛盾与社会突发事件对宏观经济和社会秩序造成的负面冲击，同时有效强化国家应对突发疫情的防控能力。[②] 基于社会个体信任关系的视角，有学者认为，区块链的去中心化特征能够保障陌生人之间的交易活动，同时对中心化信任结构的冲击效果呈现优化、修补或替代的态势。[③]

有学者指出，信任是"社会最主要的凝聚力之一，离开了人们之间的一般性信任，社会自身将变成一盘散沙"。[④] 因而，信任对于社会整合与社会合作的意义十分重大。有学者指出，无论是传统的交易合同，还是区块链技术支撑的智能合约，社会信任现象在现实的社会中无处不在，其目的都是在信息不对称的情况下防范风险、促进社会整合和凝聚社会共识。[⑤] 首先，信任是联结公民个体与群体之间的关键因素，是促使社会整合良好运转与社会稳定的必要条件。其次，在当今时代，社会成员的价值观愈加多元化复杂化，区块链技术能够运用数学与密码算法为网络空间稀缺的信任资源提供强大的技术支持并帮助社会成员构建社会信任，促使社会形成最大公约数。此外，区块链包含哈希算法、默克尔树数据结构、共识机制这三大重要机制，

①　陈菲菲、王学栋：《基于区块链的政府信任构建研究》，《电子政务》2019 年第 12 期。

②　孙国茂、李猛：《区块链信任机制与社会秩序——基于疫情隔离防控的分析》，《山东社会科学》2020 年第 4 期。

③　郑观、范克韬：《区块链时代的信任结构及其法律规制》，《浙江学刊》2019 年第 5 期。

④　胡键主编《哲学社会科学学术动态分析》，上海社会科学院出版社，2015，第 53 页。

⑤　阙天舒、方彪：《智能时代区块链技术重塑社会共识》，《中国社会科学报》2019 年 10 月23 日，第 5 版。

能够实现一种信任转移，将社会中的信任对象全部转移到区块链共识机器中，从而促进社会整合的良性运转。

（二）区块链技术完善问责机制

区块链技术，由于具有不可篡改、匿名性与可追溯性等特质，在很大程度上可以有效解决社会信任缺失问题，完善问责机制，对政府、金融、医疗、军事等领域都具有重要的应用价值。

第一，区块链技术具有不可篡改的特征。传统的信息系统安全防控依赖于每一层级设置的访问控制，一个层级被黑客攻击篡改后，将会造成整个系统瘫痪。区块链技术将密码学与共识机制相结合，使得篡改数据的成本与难度极大，同时区块链以对等的方式把参与者连接起来，构建了全新的协同机制，能够全面遏制社会各类人员急功近利、盲目追求表面业绩的不恰当行为，以此特性进行追责问责，维护政府的公信力。运用区块链技术，能够"无死角"地对整个社会系统进行实时监控，有力地强化了问责机制，从而有助于社会秩序的进一步稳定。

第二，区块链技术具有匿名性的特征。1991 年 Chaum 等人在欧密会上提出群签名概念，其重要的特性是"接收者可以验证这是一个有效的签名，但是无法知道这个签名属于群中的哪一个成员，实现了匿名性"。① 区块链技术实现了进一步创新，利用"比特币"数字货币技术将之前的群签名创新简化为换签名，"通过隔断交易地址和地址持有人真实身份的关联，达到匿名效果"。② 在此条件下，区块链技术能够进一步鼓励全民参与监督，拓宽网络监督渠道，充分发挥网民群体的积极效用，可谓是"水能载舟，亦能覆舟"，倒逼政治体制改革，倒逼公务人员秉公执法，进一步构建群众与政府的良好关系。

第三，区块链技术的可追溯性能够追本溯源完善问责机制，对于打假和防伪溯源具有重要效用。首先，区块链能够全面敦促政府单位等办事人员秉

---

① 李佩丽、徐海霞：《区块链用户匿名与可追踪技术》，《电子与信息学报》2020 年第 5 期。
② 任仲文：《区块链——领导干部读本》，人民日报出版社，2018，第 109 页。

公执法，形成一种问责的社会风气，并依托区块链技术构建科学高效的问责机制。此外，以社会公益基金为例，区块链能够记录跟踪公益信息与救助项目款项并将其同步上链，促使捐款、募集、资金流向和受助人反馈整体上链，实现全方位公开透明，便于社会各方监督。与此同时，全球多个奢侈品牌也逐渐推出区块链溯源平台，从销售点溯源到原材料的产地，确保了奢侈品的真实性，对于假货、赝品构成了有力的打击。

当今时代，党和国家应根据国情与世情构建合理机制，努力抢占技术与产业的制高点，进而更加有效地应用新一代网络技术促进社会整合与凝聚社会共识。

三 网络政务公开推动公共权力合理施行

互联网时代，网络在线政务平台逐步成为各级政府提升办事效率、强化政务服务能力的重要助推力量。伴随信息化社会的发展，公民权利意识大幅增强，对于政务信息的关注度也逐步提升。网络政务公开有助于化解由政府与民众信息不对等而导致的各种社会矛盾与问题，进而拉近政府与民众的距离，同时倒逼公共权力规范运行，促进社会整合的良性运转。

（一）网络政务拉近政府与民众的距离

网络政务公开是将与政务相关的信息依托网络平台予以公开，旨在让民众知晓、参与、监督等。[①] 伴随互联网技术的迅猛发展，网络政务公告逐步成为联结民众与政府的重要媒介平台。第46次《中国互联网络发展状况统计报告》显示，截至2020年6月，我国在线政务服务用户规模达7.73亿，较2020年3月增长11.4%，占网民整体的82.2%。[②] 以新浪微博、今日头条为例，截至2020年6月，经过新浪平台认证的政务机构微博为140615

---

① 高原：《互联网对公共权力的规范效应研究》，博士学位论文，中共中央党校，2017，第74页。

② 中国互联网络信息中心：第46次《中国互联网络发展状况统计报告》，2020年9月，第53页。

个，各级政府共开通今日头条号82216个（见图4-6、图4-7）。① 各级政府
网络政务机构与应用平台的增加足以证明网络信息时代互联网的重要意
义。与此同时，网络政务具有传播主体多元化、传播效率大幅提高、受众
范围扩大等优势，有助于拉近政府与民众的距离。

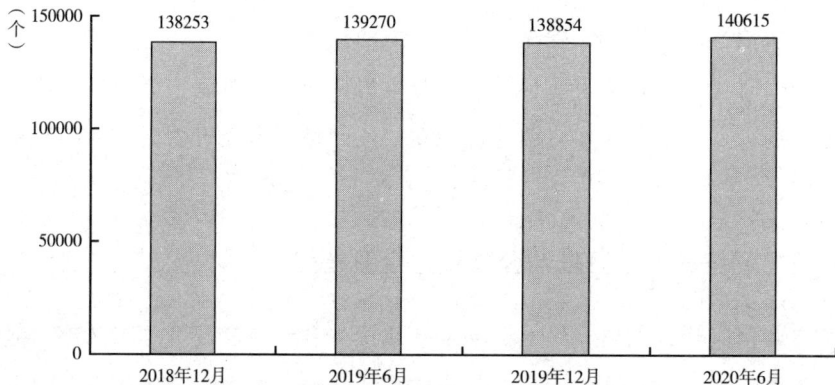

图 4-6　2018~2020 年政务机构微博数量

资料来源：新浪微博。

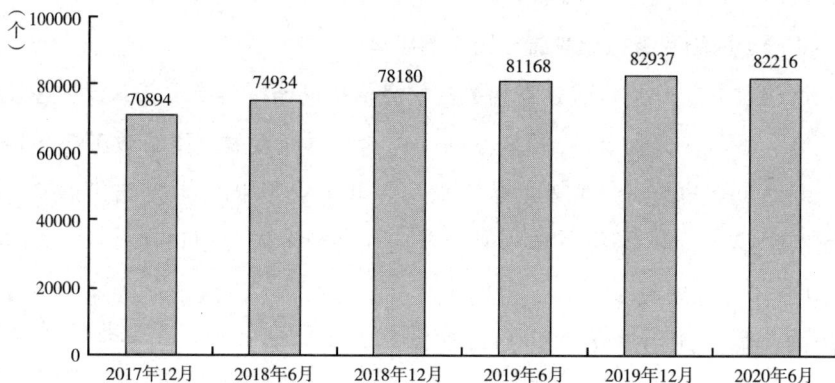

图 4-7　2017~2020 年政务机构今日头条号数量

资料来源：字节跳动。

---

① 中国互联网络信息中心：第 46 次《中国互联网络发展状况统计报告》，2020 年 9 月，第 62~
63 页。

第一，网络信息传播主体日趋多元化。在互联网时代以前，传统媒介主要通过广播、报纸、杂志、电视等方式进行信息传播，传播主体通常以权力机关为主，较为单一，并且信息传递具有一定滞后性。互联网为传播主体提供了一种新的模式，每个社会个体都可以作为传播主体进行信息传播，能够随时随地通过视频、文字等方式将所见所闻的信息通过抖音、今日头条、快手等互联网智能应用软件传播，之前作为传播客体的诸多民众都变成了万千传播主体中的一员。与此同时，单一化的传播主体转向多元化，网络政务机构的逐步增加也促使民众的参与感增强，网民对于政务的关注度随之提高，由此，政府与民众的距离逐渐拉近。

第二，网络政务提高信息传播效率。当前，各级政府积极打造"数字政府"，以互联网平台为依托，社会大众能够第一时间了解政务处理的实际情况，以抗疫为例，国家政务服务平台开发的"防疫健康信息码"，累计服务 6 亿人次，成为此次大数据支撑疫情防控的重要力量。[①] 与此同时，网上政务服务能力不断提升，诸如上海"一网通办"、江苏"不见面审批"等创新网络政务办公已成为全国一体化平台建设的标杆，网络政务服务极大地提升了办事效率、便捷了社会大众对各种公共事务的办理，从而赢得更多社会个体的认同与支持，逐步拉近了政府与民众的距离。

第三，网络政务的受众范围扩大。截至 2020 年 6 月，我国网民规模达 9.40 亿，互联网普及率达 67.0%。[②] 我国 31 个省级政府已构建覆盖省、市、县三级以上的政务服务平台。[③] 当前，互联网技术能够传播覆盖每一个网民，加之网民数量巨大，极易在网络空间中形成"蝴蝶效应"，每个网民都能及时了解政府的政务处理情况，这样一来，国家各级行政机关在处理政务时必须考虑到民众的反应与态度等复杂情况。网络政务受众范围的扩大亦会

---

① 中国互联网络信息中心：第 46 次《中国互联网络发展状况统计报告》，2020 年 9 月，第 53 页。

② 中国互联网络信息中心：第 46 次《中国互联网络发展状况统计报告》，2020 年 9 月，第 1 页。

③ 中国互联网络信息中心：第 46 次《中国互联网络发展状况统计报告》，2020 年 9 月，第 54 页。

倒逼公共权力更加规范施行。

（二）网络政务公开倒逼公权规范运行

依托互联网平台进行网络政务公开能够打破传统信息垄断与传播壁垒，减少由信息不畅而造成的民众与政府间的隔阂；依托互联网平台进行网络政务公开能够提升公权施行效率，强化监督机制，有效避免由公权失范而造成的损失；依托互联网平台进行网络政务公开能够阻断政府的暗箱操作行为与夹带私货行为，逐步消除公权懒政的可能，倒逼公共权力规范运行。

第一，打破信息垄断与传播壁垒。在互联网时代之前，针对政务信息基本采取不公开的态度，社会大众很难明晰公共权力的施行路径，政府官员更不会主动告知，这种现象极易造成官民相互斗争的局面。网络政务是一种新型的政务公告模式，依托互联网将政务信息公开有效破除了信息孤岛和化解了信息垄断造成的各种隔阂，这样有助于保障公民的监督权，强化公共权力运行的群众基础，促进公权合理运行。

第二，提升公权施行效率，强化监督机制。互联网打破时空限制，将公共权力相关处理情况公之于众，并迅速引起网络围观，形成强大的舆论效应，倒逼公权部门规范行使权力，公开各种相关信息以及时化解民众的心理质疑。政务的公开极大地提升了公权的施行效率以及政务的处理速度，同时助推监督机制的强化，从而不仅加强了民众与政府间的联系，也提升了公共权力施行的权威性。

四 数字治理推动构建多元化社会治理体系

伴随互联网、大数据、云计算、人工智能和人机交换等技术的迅猛发展与不断革新，其对人类社会的影响已然不仅表现在物理层面与技术层面，而且更深层地对社会结构和社会制度的变革产生了重要影响。数字技术的创新发展，促使数字信息的开放性、公开性与自由性打破了原有的孤岛效应，推动经济飞速发展与资源优化组合，但同时数字化浪潮也带来了数字鸿沟、数字碎片、数据安全等棘手问题与风险挑战。在此背景下，我国高度重视数字技术在政府、社会、经济等方面的应用，党的十九届五中全会提出，"加强数字社会、数字政府建设，提升公共服务、社会治理等数字化智能化水平"。① 有鉴于此，厘清数字治理的科学内涵，构建数字化条件下的治理框架体系，深挖数字治理的运行逻辑，对于深刻理解数字治理体系和治理能力现代化建设具有重要的理论价值和现实意义。

（一）数字治理的科学内涵

科学内涵是开展学术研究的逻辑起点，任何概念、内涵的阐释都离不开具体实践的主观建构，都与其所处的社会阶段和形态有着密不可分的关联。明晰数字治理的基本内涵是探究其背后深层次逻辑的基础，亦是消除"数字治理""数据治理""智慧治理"等相关概念混用乱象的有效保障。网络社会形态下，伴随数字技术的迅速革新，应用范畴的持续扩展，治理主体、治理客体逐渐多元多变，数字治理的概念、方式和体系等也不断变化革新。与电子政务、数字政务等概念相比，数字治理的内涵更深、外延更广、包容性更强。数字治理推动电子政务从"单一无序"向"全面系统"、从"以政府为中心"向"以公民为中心"的变革。数字治理是指以数字化赋能治理体系和治理能力，以公民为中心，以构建新型治理体系和治理能力为目标，在政府的主导下，平台、企业、社会组织、公民个人等多种主体共同参与相关事务的制度安排和持续过程。本书认为数字治理是技术赋能的治理，是社会形态演进下对个体行为的治理，是不断调整各组织关系进而形成稳定的框架体系的治理。数字治理是数字技术与治理理论的相互融合，数字治理的科学内涵囊括了数字政府治理、数字经济治理、数字技术治理等范畴，其包含两层含义：狭义而言是对数字本身的治理，具体指对日益增长的巨量数据的有效管理；广义而言是基于数字而进行的社会治理，具体指依托数字数据而实施的社会治理。

当今世界已进入网络化的大数据时代，网民规模庞大且呈现爆炸式增长趋势，同时在数字技术快速革新的背景下，我国政治、经济和社会形态也在

---

① 《中国共产党第十九届中央委员会第五次全体会议文件汇编》，人民出版社，2020，第35页。

经历剧烈变化。在此形势下，加强数字治理显得尤为重要。在实施网络强国战略的中央政治局集体学习会议上，习近平总书记明确指出，要"深刻认识互联网在国家管理和社会治理中的作用"。基于网络技术的迅猛革新驱动，在以数字化为基石的信息革命形势下，加强数字治理体系和治理能力现代化是推进国家治理体系和治理能力现代化的题中应有之义和核心动力。因此，不仅要从技术层面肯定数字技术对于提升治理能力和治理水平的工具意义，亦要从生产关系层面全方位地把握数字社会形态下国家治理体系和治理能力现代化的核心任务和科学内涵。

（二）数字治理的基本特征

第一，治理主体多元共融。信息的生命本质在于更新与变化，尤其是互联网技术的革新、新媒体传播速度的加快，日益强化了数字技术对于社会治理的重要性。数字技术的快速更新迭代和网民数量的日益增长促使利益主体呈多元化发展趋势，进而逐步扩大了数字治理的广度，单一的主体治理方式已满足不了多元利益主体的需求，多元的利益主体呼唤多元的数字治理主体。政府不再是唯一的治理主体，政府逐步由信息"垄断者"向"提供者"、由治理"管理者""决策者"向"服务者""引导者"转变，数字化时代多元主体协同共治的格局逐步形成。伴随社会分化的加速，社会成员思想观念日趋多元化，促使社会的"异质性"成分日益增多。互联网在加速社会分化的同时也具有对于社会矛盾的积极缓解效应，以求实现多元主体的社会治理效用。政府不再是唯一的治理主体，拥有数据和算法的互联网平台、企业等逐步成为社会治理的整合主体、参与主体和推动主体之一，促使社会治理控制力和支配力的扁平化扩散，数字时代多元主体协同共治的格局逐步形成。

第二，治理客体多样异质。伴随社会分工的不断演进与数字技术的日益革新，社会呈多元化与复杂化发展态势，进而衍生出不同向度的价值判断与合理诉求。人类活动需求的多样性决定了数字治理对象的无限复杂性，同时数字治理主体的多元发展也加速了治理客体的无限扩展。但是，网络空间自身的开放性、即时性、泛联性和无边界性等特质也为数字治理带来了一系列不容忽视的问题。比如，"数字鸿沟"引发社会风险的可能性、"信息茧房"对于网络公共领域建构的破坏、人工智能对社会结构的冲击和"网络民粹"对国家安全的危害等现象客观存在于整个国家与社会之中，伴随治理对象的动态多变，数字化社会的不确定性问题将更加复杂，这些棘手的社会矛盾与社会冲突均是数字治理的难点和重点。

第三，治理方式科学精细。新形势下，数字技术已从纵向升级转化为横向渗透，并逐步成为集收集、处理与传播信息资源于一体的多元有机整合平台。数字化时代，"场景化"成为服务和产品供给精细化的先决条件，治理和服务领域用户的精细划分随之而来。这种方式代表了一种全方位覆盖、科学精准定位、侧重体验的治理图景，同时网络空间的泛联性扩展了场景化的载体，大数据和云计算等数字技术促使场景精准匹配用户需求，优化社会资源配置，进而提升治理效能。与此同时，治理方式要重视法律法规政策的适用与创新，及时填补法律监管"空白区"、法规"盲区"，促使法治精神覆盖新的社会领域和社会业态。随着数字技术深层次渗透式应用，数字治理的方式也不断创新与重塑，不仅推动了数字治理方式的科学化、精细化，也助推国家和社会治理的科学化、精细化、高效化。但是，数字技术的迅速革新也对传统的政治、经济和社会产生巨大冲击，在治理实践过程中显现出一些棘手问题。比如，信息不对称、"大数据杀熟"、网络舆论导向偏航等。因此，需要更好地运用数字技术把握数字空间的规律，以技术"治"技术，强化驾驭数字技术的能力，夯实数字治理的文化与价值之基，进而提高科学决策质量，提升社会治理水平。

第四，治理过程整体系统。数字治理过程主要指国家或地区有关部门通过政策、法律、法规等方式，为解决数字化条件下的问题而开展的一系列治理活动。一般而言，治理过程主要包括治理问题、治理主体、治理方式和治理成效四个方面，同时包含纵向治理与横向治理两个维度。其中，纵向治理主要指"由上到下"和"由下到上"的垂直治理。"由上到下"的垂直治理强调在数字技术迅猛发展背景下，一个国家的治理战略或行业组织的标准、制度等怎样由上到下地通顺施行；"由下到上"的数字治理注重的是用户群体及广大网民的诉求表达和治理参与机制的健全完善，合理的诉求与良好的建议能够获得上级的反馈与采纳，发挥群策群力的积极效用。横向治理主要指各社会机构、网络平台或社会组织的协同平行多元治理。此外，治理过程还涵盖集约化治理与扁平化治理等方面。在治理过程中，不能用简单的线性思维来实施与执行，应重视大数据、云计算、人工智能等网络工具的技术支撑，把握好纵向治理与横向治理、分散化治理与扁平化治理的平衡与协调，切实做到相辅相成、相互统一，发挥数字治理过程系统性、整体性的时代优势。

第五，治理评价公平合理。网络内容治理评价是数字空间生态评价的重要组成部分，要坚持以内容治理为出发点，推动国家治理体系与治理能力现代化建设。伴随数字技术的发展，网络内容与网民数量日益增加、生产模式与传播渠道日趋多样化，低价值内容随之泛滥，同时带来一些问题与挑战。例如，个人数据隐私泄露、网络谣言散播、假冒伪劣商品在电商平台的横行等问题层出不穷。在此背景下，数字空间的网络内容治理成为一项系统工程，影响治理成效的要素繁多。评价系统框架的建构要不断适应并符合当前互联网产业发展规律和治理客体的需求，评价数据的采集与分析也逐步科学精细，切实遵循全面性、可操作性的原则，突出不同类型治理客体的共性特征。评价内容应涵盖政府在数字治理中的引导作用、平台企业主体作用是否充分发挥、平台企业经济效益和社会效益是否充分释放、消费者权益是否得到有效保障等。同时，数字化社会在政策和法律法规的约束条件下，愈加重视技术环境和行业自律的治理效能。基于此，在数字化社会，治理评价标准也日趋公平合理，评价指标体系、层级设置、评价方法与权重设定也愈加全面翔实。

（三）数字治理的运行逻辑

在互联网时代浪潮下，提升数字治理的能力与水平不仅需要科学内涵、基本特征等理论基础，更需要一套完备且健全的运行机制予以支撑。就本质而言，数字治理本就是一种以需求为主要导向的数字化转型工作，通过推动社会治理理念创新以及职能转变，使相关治理体系能够朝着数字化的方向不断发展，为数字化社会的构建打下坚实基础。基于此，数字治理要坚持以治理数据为根本的基础治理逻辑、以治理主体为核心的多元开放性逻辑和以治理对象为重心的系统协同性逻辑。

第一，以治理数据为根本的基础治理逻辑。数字治理的良好成效是数据科学研究的基本前提，如何高效且合理地利用数据，也是数字治理的关键所在。从目前的数字治理工作开展情况来看，其运行逻辑主要是：构建技术+制度的框架—线上+线下的应用—网络+网格的执行—共性+个性的实践—主导+主体的结构。数字治理就是要把数据当作一种无形资产加以管理，要重点关注数据技术手段、政策标准以及监督管控，使数字信息系统朝着更加系统化、规范化的方向不断发展。无论是从"4V"特征还是从数据生命周期理论，均能看出数据有超越技术的"社会性"，通过分析数据价值，强调关联分析，能够充分利用信息技术手段在数据周期的不同平台部门等方面强化运用，也能对数字治理的理念与模式产生较大影响。此外，除了一般数字治理以外，大数据治理亦是较为重要的治理环节，比如资源划分、技术转换、采集归纳、整合利用等，抑或平台构建、政策法规、安全风险等不同内容。

在数字治理中，数据决策亦是关键内容，该环节主要涵盖三个步骤：其一，初步处理过程。其二，数据分析过程，即着重分析结构性、半结构性以及非结构性数据，然后对相关数据进行剔除与清洗，形成具有价值意义的数据集合。其三，得到数据结果再次分析，积极挖掘对工作需求、社会问题以及企业发展动态具有的潜在价值，使最终的数据分析结果成为具有价值的数据库。最后阶段则是数据决策阶段，就是将之前得到的最终数据当作分析依据，通过精准施策的方式对成本效益进行合理匹配，降低无谓支出的发生概率。总而言之，运用数据理念与数据意识进行创新决策的整个过程可被看作数字治理基础运行逻辑。

第二，以治理主体为核心的多元开放性逻辑。治理主体是数字治理的核心枢纽，不同治理主体的角色定位以及互动关系也相对不同。《中华人民共和国国民经济和社会发展第十四个五年规划和 2035 年远景目标纲要》中明确指出强化数字经济、数字社会以及数字政府建设，要积极通过数字化转型带动生产方式、治理方式等变革。当前的数字治理还存在较为明显的"重政府包揽、轻多方参与"的现象，政府所扮演的"大家长"角色会尽可能利用数据权力将数据资源及其转化价值和利益平均分配给所有社会成员。在整个治理过程中，政府仍是最重要的决策部门，因此要想真正创新社会治理模式，除了要继续发挥政府部门具有的主导价值之外，也要积极鼓励社会组织以及其他市场主体等共同参与，使不同主体的价值与功能得到有效发挥，促使数字治理形成强大合力。对社会发展来说，健全完整的社会治理应该是市场、社会以及政府各司其职，保持均衡且协调的互动状态，因此对数字治理来说，协同治理也意味着不同治理主体要做到优势互补、协调互动、多元开放。与此同时，在构建多元主体参与的数字治理体系时，一定要对治理主体的角色进行重新定位。而在此过程中，也要对各治理主体的权力结构进行科学调整，调整的方式主要包括放权、分权等。

从本质来讲，放权的主要目的就是促进政府部门积极参与到各项社会事务治理中，提升自己的创造性与主动性，而上级政府部门要适当把数字治理权力下放，提升办事效率。除此之外，分权则是指政府部门要把原本的全能型政府定位逐渐转向服务型政府，要科学界定政府部门的权力界限，适当降低政府权力。但无论何种方式，最终的结果都是让多元治理主体的权力均衡性得到有效保障，真正构建更加科学高效的多元开放治理格局，在治理方面形成"以公民为中心"的核心价值体系，这也是协同治理的根本要求。

第三，以治理对象为重心的系统协同性逻辑。数字治理主要是数字技术与社会运行的综合治理，是数字要素与治理要素集合的整个过程。就宏观角度而言，数字治理就是指政府、网络平台、社会组织等不同主体以客观数据为基础，以公民意识为价值导向，通过数字技术收集原始数据并进行处理及综合应用的整个过程，强调的是互联网、人机交换等信息技术的实践应用和创新智能化路径，同时"以公民为中心"的价值导向不仅能够推动信息传播渠道、数据处理方式的转变，亦能够增强政府与公众等治理对象间的互动关系。

就微观角度而言，需要打破数字治理的"碎片化"现象，破除各系统互通壁垒，需要把握"微粒社会"以及"微粒人"的时代特点，不断促进网络问政、在线问题解决等机制走向精细化，构建分布式互动共享赋权机制以及民主参与机制，促进以治理对象为重心的共建共享协同逻辑机制的构建，进而实现数据互联、事项整合和协同发展。通过数字化改革降低各子系统间的互通成本，减少重复建设、消除资源浪费，实现数字治理不以主体为导向，以问题为导向，达成供需有效匹配。这是基于大数据等现代信息技术的事项整合、流程再造、功能重塑，强调整体运行，人民需求的充分满足，从部分走向整体、从破碎走向整合，就是以治理对象为重心的系统协同性逻辑。此外，在此背景下，国家应切实组织一批高水准的专家队伍加快互联网基本法的制定与出台，同时打造一支纪律强、素质硬的网络执法队伍，进而依法惩处网络犯罪行为，净化网络公共空间。

伴随数字技术的快速发展，数字治理在面临新技术挑战时也容易让治理主体因权利、角色与利益冲突而陷入伦理困境。因此，明晰数字治理的科学内涵、基本特征，把握其运行逻辑，有助于推动公民积极参与数字治理以及促进基层数字治理。此外，要坚持数字治理的实践研究、理论研究以及比较研究三者并举，从多个维度拓宽公民参与数字治理的渠道，促进多元社会治理体系的建立完善，从而实现数字治理的本质目标，真正走向数字化时代的政府善治。

第四节　互联网为组织整合注入鲜活动力

互联网时代，社会呈多元化发展趋势，社会成员的利益诉求不断增加，党和政府面对分散化多元化的利益诉求很难集中民意，这时则需要发挥社会组织的"中介"作用。一个能够实现良性整合的社会，社会组织①必然是现代社会治理体系中不可或缺的重要载体，一个社会的现代化发展程度越高，

---

① 本研究中的"社会组织"主要指非政府组织、非营利性社会组织、社会团体和其他社会力量及公民利用非国有资产建立的开展社会服务活动的社会组织。

其社会组织越活跃。党的组织属于社会政治组织，是现代社会组织整合的最基本组织，在社会整合过程中具有不可替代的核心作用。[①] 单位制组织亦是中国特有的现象且在中国社会整合过程中发挥了重大作用。与此同时，从规范意义上来看，组织整合是利益整合、制度整合、价值整合等实现有效整合的依托载体与力量保障。伴随互联网的发展，社会个体的网络自由活动空间不断扩大，获取信息资源的方式日趋多元化，单位制组织整合作用随之弱化，互联网逐步为组织整合注入鲜活动力，并不断发挥其凝聚社会力量、促进新的社会阶层再组织和助推社区良性整合的重要效用。

一　为社会组织的建构凝聚社会力量

自新中国成立后至改革开放前，以单位制组织为主体的整合模式一直是我国城市社会整合的主体模式，改革开放后，伴随经济社会的深刻变革，绝大多数国有企业改制，机关单位和事业单位的社会整合功能随之减弱，传统的单位制组织整合模式趋于瓦解。伴随互联网的诞生与迅猛发展，市场的竞争环境愈加激烈，科层制组织模式已越发无力，网络化、智能化、信息化已深入社会发展与民众生活的各个领域，互联网已然成为寻找社会"最大公约数"、凝聚社会力量的重要阵地。此外，依托网络平台而形成的网络社会组织逐步成为政府与民众沟通的纽带，对于社会稳定和加强党的执政基础发挥着积极效用。

（一）网络社会动员为社会组织的建构供给新动能

"所谓社会动员，是指有目的地引导社会成员积极参与重大社会活动的过程。"[②] 社会动员是整合不同社会力量和凝聚社会共同利益的一种重要机制。互联网时代，传统的社会动员难度日趋增大，以互联网为平台的社会动员能力迅速增强并逐步成为国家治理体系的重要组成部分，其主要优势体现在参与范围广、动员效率高、动员渠道广、动员主体多元化等几个方面。

---

① 贾绘泽：《邓小平理论与当代中国社会整合》，中央文献出版社，2010，第188页。
② 吴忠民：《社会动员与发展》，《浙江学刊》1992年第2期。

第一，参与范围广泛。截至 2020 年 6 月，我国网民规模达 9.40 亿，互联网普及率达 67.0%。[①] 在依托互联网构建的"虚拟空间"中，网民群体规模已经十分庞大，同时互联网的即时性与开放性通过计算机和各种智能设备充分发挥作用，不断扩大参与范围，促使社会成员充分表达其利益诉求，发挥社会组织凝聚社会力量的积极效应，进而利用网络信息传播的"蝴蝶效应"，大面积提升社会动员的总体数量。

第二，动员效率显著提高。伴随 5G 技术的发展，大数据、云计算等网络技术的日趋革新与完善，互联网之于信息传输的无延时性进一步提升，各种信息源能够在转瞬之间传输出去，迅速扩散，这有助于实现社会组织成员之间的信息即时互通，在短时间内完成意见交换，进而形成巨大的社会整合能量，在动员效率提高的同时，发挥社会组织凝聚社会成员的力量。

第三，动员渠道逐步拓宽，动员主体多元化。传统社会的社会动员以广播、报纸、电视等传统媒介为主要渠道，具有相对滞后性。互联网时代，微信"朋友圈"、微博"热搜"、抖音视频推送等交互性、多元化媒体平台成为社会动员的重要渠道，网民能够及时了解社会的各种动态，对一些事件进行评论并引发各种效应。与此同时，各种社会组织随时随地以主体身份在这些平台上呈现事实、进行信息转发和信息沟通，并且随时实现动员主客体之间的角色互换，逐步实现了一元化动员主体向多元化动员主体的变革，从而更加有利于社会组织的建构与运转。

（二）网络社会组织成为社会整合的新生力量

网络社会组织是以互联网为依托，凝聚网上志愿者力量，不以营利为目的民间自发组建开展公益活动的社会组织。[②] 2018 年 5 月，中国网络社会组织联合会成立，首批入会的网络社会组织共 300 家，[③] 这标志着基于互联网

[①] 中国互联网络信息中心：第 46 次《中国互联网络发展状况统计报告》，2020 年 9 月，第 1 页。

[②] 张雷：《我国网络草根 NGO 发展现状与管理论析》，《政治学研究》2009 年第 4 期。

[③] 《中国网络社会组织联合会在京成立》，人民网，http://politics.people.com.cn/n1/2018/0509/c1001-29975545.html，2018 年 5 月 9 日。

平台建构的以去中心化、去权威化、开放化和扁平化为特征的网络社会组织不断壮大并逐步成为实现社会整合良性运转的新生力量。

第一，网络社会组织的非营利性和公益性使其具有较高的公信力。网络社会组织属于非政府非营利性组织的一部分，是服务与管理社会的"第三部门"之一，基于网络社会组织的便捷性与相对较高的公信力，网络社会组织逐步成为党和政府与社会成员之间联系的纽带。伴随互联网的迅猛发展，当今社会已步入移动互联网时代，一部分社会成员开始通过网络社会组织表达个人的利益诉求和意见，由此，网络社会组织能够汇聚社会成员的各种民意，形成集体力量，发挥整体的作用。与此同时，党和政府也逐渐通过网络社会组织了解社会成员的诉求和愿景，并制定相对符合广大社会成员利益诉求的政策及措施。

第二，网络社会组织逐步在公共服务领域发挥有力效用。首先，网络社会组织能够开展扶贫帮扶等活动，依托网络平台在公益性服务方面发挥重要作用。例如，水滴筹、轻松筹、无忧筹等依托互联网的筹款平台为众多患大病的家庭和社会个体提供了有效帮助，融洽社会关系的同时也相对减少了社会矛盾。虽然这些平台也被曝光出一些欺骗社会成员的诈骗行为，但其对于社会成员的积极效用总体远大于负面影响，整体推动了社会公共服务体系的进一步完善。其次，网络社会组织能够为社会提供一些就业机会，诸如各地市网络社会组织孵化基地的构建、网络文化传播实训基地和各网络协会众创空间的成立，进而有助于扩大就业渠道，缓解就业压力，促进社会整合的良性运转。

第三，网络社会组织能够为新时代提供新思路。习近平总书记强调："要加强社会组织党的建设，全面增强党对各类各级社会组织的领导。要探索加强新兴业态和互联网党建工作，扩大党在新兴领域的号召力和凝聚力。"[①] 互联网产业代表新的生产力，网络社会组织与互联网产业的融合能够推动网络经济、网络文化、网络教育和网络安全等各领域的多维度创新与

---

① 习近平：《加强党的组织体系建设》，《人民日报》2018年7月6日，第1版。

发展，并为互联网的发展与社会整合提供广阔的思路。与此同时，网络社会组织要充分与时代相结合，做到知行合一，有效发挥网络大 V 和意见领袖的作用，认真履行好其网络监督者的职责，降低社会整合的成本，在网络强国建设中发挥更大效用。

二　网络公共空间促进新的社会阶层再组织

"网络公共空间"基于对"网络空间"的明晰与"公共领域"概念的借鉴完成概念界定。网络公共空间涵盖公众、空间、公共性与互联网技术等基本要素，它的建构是社会整合的重要内容与表现形式，其在一定程度上是对物理空间内公共领域的延伸与拓展。网络公共空间的特征表现为更加多元化、自由化、平等化、自组织性等，社会大众能够在网络公共空间中自由发表言论以舆论的力量行使民主权利。新社会阶层是改革开放以来出现的新的社会阶层，该阶层人士涉及中国经济和社会生活的各个领域、行业，以自由职业人员与知识分子为主并主要集中于中等收入群体，且具有多元化与多面性的特征。新时代下，网络公共空间是新的社会阶层成员的主要聚集地，亦是实现其再组织的重要途径。

第一，网络公共空间的公开化、透明化为新的社会阶层再组织提供信任保障。信任、规范和网络是组织协调运行的必备条件，任何组织力量都取决于其协调程度。此外，学者张康之指出，信任是组织网络结构和合作模式的基础，信任是保障组织模式具有合作性质的根基，[①] 传统社会的公共空间以庙会、祠堂、茶馆、街市等场域为主，社会组织的各种活动也主要在这些场域中进行，社会成员依靠各种约定俗成的家法、乡规、族法构建信任基础，同时国家亦会通过法律对其进行监督与管制。互联网的公开化与透明化为新的社会阶层再组织提供了构建信任基础的渠道，这从心理上充实社会成员的安全感与存在感，进而有助于推动整个社会组织的整合。

第二，网络公共空间推动社会阶层结构变革。随着改革开放 40 多年的

---

① 张康之：《论组织整合机制中的信任》，《河北学刊》2005 年第 1 期。

发展，中国已从工业社会迈入后工业社会，与此同时，中国的社会阶层结构亦由改革开放前的"两阶级加一阶层"转变为多个社会阶层共存。学者张翼指出："中国后工业化的过程与互联网业态发展同步，使中国的发展充满产业意义的后发优势，同时中国当前的社会发展是'压缩式超越性现代化'的发展。"[①] 伴随后工业化与互联网产业的同步发展，网络公共空间日益成为社会成员生活的中心，同时，社会阶层结构的变革也促进了新的社会阶层人士价值观念的转变，进而逐步推动了网络社会组织的再次分化与整合。

第三，互联网助力新的社会阶层建构网络社会组织，并且注重线上与线下的整合。在统战部和国家网信办的领导与支持下，各省区市充分调研并制定相关政策，鼓励网络社会组织的创立与发展。在此背景下，各地市采取线下组织枢纽与线上空间结合的方式，让线上线下互为支撑，线上负责"加关注"与"信息推送"，线下注重实体平台搭建与服务，逐步构建了各种具有公益性、民间性与非营利性的网络社会组织，诸如由网络媒体人自组织发起的"中原网络达人联谊会"、杭州的"公羊会"、长沙的"群英会"等，这些网络社会组织均旨在凝聚新的社会阶层共识，促进社会组织再整合。

第四，互联网不仅仅是一种工具，更是一种社会组织和交往运作方式。网络社会的崛起已经成为一个不争的事实，网络公共空间是一个政府、企业及公民等均可参与的空间。同时，互联网技术的发展与网络社会的跨域流动性等特征相结合，促使整个社会无论是在物理空间还是网络空间都呈现网络化的结构。新的社会阶层作为网络公共空间的参与者和建构者，要充分发挥互联网自组织"去中心化"的特质，倡导自治与共治相结合，摒弃单一权威控制的手段，凸显多元主体协同作用，肩负理性传播与典范塑造的功能与责任，不断净化网络公共空间并引导其成长，进而在优化网络公共空间的背景下，促进新的社会阶层的再组织。

---

① 石欧烈：《张翼：网络中国社会阶层及治理发生重大转型》，《中国青年报》2016年12月26日，第2版。

三　网络自组织助推社区良性整合

无论是传统社会还是当今网络社会，社区整合都是有效弥补党的组织整合与单位制组织整合弱化的重要方式之一。互联网的诞生与迅猛发展为社区整合提供了一种新的社会组织范式，城市网络自组织体系的逐步形成有助于社区居民在新的网络空间下实现重新整合。正如尼葛洛庞帝所言："网络真正的价值正越来越和信息无关，而和社区相关。"① 由此不难理解，社会成员对互联网和各智能应用平台的使用也愈加广泛且备受关注。

第一，网络"脱域"使社区良性整合成为可能。互联网打破了城市社区传统的互动关系，为社会整合开辟了新的路径。伴随社会多元化发展，现代社区也逐步呈现多元异质性、自主性、分散性的复杂特征，这些特征恰好与互联网的诸多特征相契合。与此同时，在高分化、高异质性的原子化趋势明显的现代社区，互联网能够推动整合方式由强制型向多元契约型变革，通过网络自组织的便捷动员调动社区居民的广泛参与，比如基于社区居民趣缘构建的网络娱乐休闲平台、公益性组织等，由以往的政府主导型社会组织模式向依托互联网的自治型和合作型组织模式转变，进而弥补政府政策制度难以下沉与组织力不强的缺陷，从而有助于新的社区整合机制的建立，使社区良性整合成为可能。

第二，网络自组织优化社区合作平台。社区不仅仅是社会成员的聚集之地，亦是组织制度的集中体现。一方面，显性网络自组织通过微信、微博、QQ 等移动应用软件平台有效加强社区成员之间的联系，推动社区的高效整合。有学者指出，"受到特定事件的激发，网络自组织的形成是一种瞬时结构化的过程，时空的压缩和社会互动情境的提前建构，使网络社会中个体行动者完成时间趋近于零的结构化，瞬间发挥传统组织的功能"。② 依托网络自组织瞬时性与流变性，可有效拓展社区公共服务，推动社区公益活动与志

---

① 〔美〕尼古拉·尼葛洛庞帝：《数字化生存》，胡泳、范海燕译，海南出版社，1997，第 214 页。
② 陈氚：《隐性网络自组织——互联网集体行动中的组织状态和治理困境》，《教学与研究》2017 年第 11 期。

愿活动常态化发展，弥补党和政府在公共服务供给方面的不足之处。利用大数据、云计算等互联网技术，通过开展网络问政活动，及时了解社区居民的舆论实情与各种琐事，进而有目的性针对性地调整网络自组织的发展路径，从而优化社区合作平台，促进社区的良性整合。另一方面，隐性网络自组织促使社会中的中等收入群体获得一种相对的权力地位，这种权力往往被管理者所忽视且不易控制，具有隐性的特征，但是这种隐性网络自组织能够对国家权力进行有效的正面约束，进而维护社会成员的根本利益。有学者从功能视角分析，国家和社会在功能发挥方面都存在自己的功能盲区与失灵现象，以家族制为核心伦理的社区组织对其具有重要弥补作用。[①]

第三，网络自组织提升社区成员的归属感。网络自组织与一般的互联网组织不同，其不仅能够通过网络在线平台加强社区居民的交流，亦能够通过组织策划一些线下活动，加强社区居民的集体性联系，有助于社区团结。在此过程中，社区居民无论基于兴趣需求，还是现实社交的需求，抑或是其他需求，都会一定程度上关注社区网络自组织的各种动态。与此同时，网络自组织逐步成为团结社区居民的纽带，强化了参与者的自我认同感与社区认同感，加强了居民之间的信任，从而有效提升了社区成员的归属感。

第四，网络自组织总体上有利于传统差序格局的圈子重组，构建新型城市微共同体。伴随互联网的发展和基于中国传统差序格局的圈子文化，同城网络自组织为社会成员提供了更多便利条件。虽然伴随圈子规模的无限扩张与人们核心关系圈的逐步缩小，会产生小团体等互相排挤的现象，但其总体上的积极功能大于负面作用，新型城市微共同体有利于构建社区成员之间的信任关系。此外，大圈子和小圈子分别起到了弱关系与强关系的连接作用，这种在社会个体做出选择后而形成的城市微共同体对于社区的良性整合具有积极效用。

---

① 张昱：《科层与网络的融合——社区组织的特性》，《华东理工大学学报》（社会科学版）2002 年第 2 期。

第五章

互联网时代社会整合的风险挑战

互联网技术的诞生与迅猛发展对于整个世界都具有变革性意义，其在经济、政治、文化和价值观等方面为社会带来的巨量效益与众多便利已经被众多学者认可。但是，互联网自身的开放性、即时性与无边界性等特质也为社会整合的良性运转带来了一系列不容忽视的问题。"数字鸿沟"引发社会风险的可能性、"信息茧房"对于网络公共领域建构的破坏、人工智能与区块链对社会结构的冲击和"网络民粹"对国家安全的危害等现象客观存在于整个国家与社会之中，这些棘手的社会矛盾与社会冲突均是本章将要分析的互联网之于社会整合的负面效应。

第一节　"数字鸿沟"引发社会风险

2020 年 9 月，中国互联网络信息中心发布第 46 次《中国互联网络发展状况统计报告》。报告显示，截至 2020 年 6 月，我国网民规模达 9.4 亿，较 2020 年 3 月增长 3625 万，互联网普及率达 67.0%。① 虽然在 2020 年抗疫斗争中，互联网发挥了磅礴力量，同时中国的网民数量与日俱增，城乡网民差距亦在缩小，但仍有近 4.6 亿民众处于网络盲态，中国互联网的发展面

①　中国互联网络信息中心：第 46 次《中国互联网络发展状况统计报告》，2020 年 9 月，第 1 页。

临差异化与不平衡等社会问题。因此,对于数字鸿沟所带来的社会风险仍应警惕重视,否则其将逐步引致社会鸿沟加深,进而导致民众离心力不断增强。

一 "数字鸿沟"的根源及其特征

何谓数字鸿沟,有几种具有代表性的观点:数字鸿沟又称信息鸿沟、技术鸿沟,数字鸿沟指拥有信息时代的工具的社会成员与那些未拥有者之间存在的差异。数字鸿沟体现了当代信息技术领域存在的差距现象。[1] 也有学者认为,数字鸿沟是指"在全球数字化进程中,不同国家、地区、行业、企业、人群之间,对信息、网络技术的占有和应用程度不同所造成的信息落差、知识分隔和贫富分化问题"。[2] 诺里斯认为数字鸿沟涵盖三个层面,即全球鸿沟—社会鸿沟—民主鸿沟,并认为三者是递进关系。数字鸿沟是一个综合复杂的系统,其不仅是社会状态,亦是社会后果与社会问题。有学者指出:"国家间经济发展水平的差异是造成数字鸿沟的主要原因。"[3] 胡鞍钢等学者认为经济发展水平、国家知识发展能力、对外开放程度以及通信技术引进水平是影响一国国际互联网普及水平的重要因素。[4]

综合学术界已有的界定,可以将数字鸿沟形成的主要原因总结为以下几点:其一,经济发展水平的不平衡,人均 GDP 是反映各个国家或国内各省份、城市经济实力的主要指标之一,经济发展水平决定了收入水平,经济发展不平衡是导致数字鸿沟的首要原因;其二,信息资源分配不平衡,网络基础设施的覆盖状况与网络信息资源的富有程度间的差异亦是造成数字鸿沟的关键因素;其三,信息技术使用差异;其四,互联网普及率的差距与文化程度的差异。与此同时,数字鸿沟具体还表现为区域数字鸿沟、年龄数字鸿

① 吕本富、郝叶力编著《网络时代的中国》,外文出版社,2018,第190页。
② 何建华:《发展正义论》,上海三联书店,2012,第197页。
③ 王海林、张建波、韩硕、张梦旭:《声音》,《人民日报》2013年7月24日,第23版。
④ 胡鞍钢、周绍杰:《新的全球贫富差距:日益扩大的"数字鸿沟"》,《中国社会科学》2002年第3期。

沟、教育数字鸿沟、行业数字鸿沟等。

从数字鸿沟的特征探究，其具体表征为以下几点：第一，数字鸿沟具有普遍性与多样性，数字鸿沟存在于任何国家与地区并发生于多个领域；第二，经济属性，区域间经济发展不平衡造成地区间推进信息化发展的经济条件的巨大差异；第三，技术属性，不同技术在各个社会个体之间显现出较为显著的差异；第四，社会属性，不同年龄、不同种族、不同性别和不同职业的社会个体与群体能否正常访问与使用网络技术的条件差异。数字鸿沟引发的失衡体现在信息资源匮乏的穷人离创造财富的机会越来越远，同时信息穷人与信息富人的财富差距扩大，进而社会贫富差距逐渐拉大，形成"穷者愈穷、富者愈富"的恶性循环，随之引发一系列社会矛盾与社会冲突。伴随互联网技术的日益革新，数字鸿沟的特征也愈加复杂。数字鸿沟已经从有无互联网应用工具的差异转变为应用者使用互联网工具的差异，即从"物"的差异转移到"人"的差异。

二　"数字鸿沟"引致社会差距扩大

所谓社会差距①是指由特定的政治、经济、文化等因素引起的社会个体之间的差异，其中包括制度差距、收入差距、知识差距、区域差距等。社会差距是数字鸿沟产生的主要原因之一，同时数字鸿沟将反作用于社会差距，亦可能导致其逐渐扩大。与此同时，数字鸿沟具有综合性，在知识层面表现出的不平等现象，是指不同群体在获取和运用知识的能力上存在较为显著的差距，亦指掌握知识量引起的社会个体之间的差异现象。在社会阶层层面表现出的不平等现象，是指传统社会分化在互联网时代的延展。在制度层面呈现的不平等现象，主要通过一个国家或地区的政绩差异显现。在经济层面的不平等现象，是指各社会群体与社会个体在网络经济中表现出的不平等与不平衡现象，其中经济差距的核心是收入差距。

---

① 本书所论述的"社会差距"可以理解为由"数字鸿沟"而产生的社会各层面的差距。这种"社会差距"与"社会鸿沟"较为不同，它并不是难以逾越的，而是在一定程度上能够通过各种方式、手段实现缩小。

伴随网络信息化的日益发展，数字鸿沟虽有一定缩小，但仍是导致新的社会不平等的重要因素之一。概言之，知识差距就是随着数字鸿沟的加深与其特征的变化，"人"在对知识的输入与输出应用方面的差异将愈加显著。与此同时，在互联网背景下，知识信息量无限增多，使用也愈加频繁，由使用网络技术而产生的差异现象也将扩大，因此数字鸿沟带来的负效应将作用于知识差距并可能引致其逐步扩大。

制度差距是一切社会差距产生的本源，它具体指"各地区、各群体或阶层在制度、政策及其实施绩效上的明显差异"。[①] 一个国家的发展状况一定程度上取决于其制度的可行性与实效性。在系统性与制度化方面有差别的基本公共服务供给易造成其结构性失衡。如若过多的行政权力无视制度也会造成行业垄断与社会的不公正，进而影响经济社会的可持续发展。与此同时，当前诸多老年人的生活窘境凸显了数字鸿沟在特定人群中的加剧，疫情期间，扫"健康码"成为生活的必需事项。然而，截至 2020 年 6 月，我国网民规模达 9.4 亿，但 60 岁及以上网民占比仅为 10.3%，[②] 诸多老年人仍不会使用智能手机扫码，因而给他们的生活带来了许多不便，亦使数字鸿沟呈现加深之势。在此困境下，数字鸿沟对当前的各种社会制度产生了一定的冲击。

阶层差距主要指阶层间的分离与裂痕呈日益扩大态势。伴随数字信息技术的迅猛革新，无论是现实社会还是虚拟空间都被巨量的"碎片化"信息所覆盖，社会被切割成无数片段。数字鸿沟的加深对于整个社会结构形成了一定的冲击效应，各阶层呈碎片化结构的同时，利益集团与社会阶层日益固化，致使整个社会代际流动受阻，阶层自我认同亦呈紧张态势。此外，数字鸿沟亦不断扩大城乡差距，多数城市中的农村人仍处于"半城市化"状态，社会排斥等现象仍然较为明显，阶层差距导致的社会冲突与矛盾依然是一个较为棘手的社会问题。

---

① 唐任伍：《四大社会鸿沟加剧民生之忧》，《人民论坛》2012 年第 S2 期。

② 中国互联网络信息中心：第 46 次《中国互联网络发展状况统计报告》，2020 年 9 月，第 23 页。

经济差距的核心是收入差距，虽然中国已成为世界第二大经济体，但城乡收入差距与区域收入差距仍客观存在。数据统计显示，截至 2018 年，我国东部地区人均可支配收入为 3.62 万元，西部地区人均可支配收入为 2.19 万元，相差 1.43 万元，较 2017 年增长 7%，[①] 城镇居民人均可支配收入为 3.92 万元，农村居民人均可支配收入为 1.46 万元，相差 2.46 万元，较 2017 年增长 7.4%。[②] 与此同时，伴随数字鸿沟的加深，不同行业与不同群体之间的收入差距亦没有呈现缩小趋势，网络使用的差异性极易进一步扩大收入差距，进而滋生各种民粹主义，并不断危害社会秩序的稳定。

数字鸿沟的加深会扩大社会差距并可能引发社会风险。当社会不公现象充斥、阶层利益加剧失衡、城乡差距无限扩大，无法得到有效控制时，弱势群体的切身利益无法得到正常维护，其势必会寻求偏激的发泄方式，进而导致利益主体多元化背景下各社会主体间的冲突加剧，可能引起社会秩序失控。

三 "数字鸿沟"易形成"数字围城"

除了制度鸿沟、知识鸿沟与区域鸿沟外，年龄、性别等因素亦是形成数字鸿沟的原因。伴随中国老龄化程度的加深，不同人群之间的数字鸿沟也逐步加深，在关注网民数量增长的同时，仍要对非网民群体予以重视。截至 2020 年 6 月，我国非网民规模为 4.63 亿，其中城镇地区非网民占比为 43.8%，农村地区非网民占比为 56.2%，非网民仍以农村地区人群为主。[③] 数据显示，因为不懂电脑/网络、不懂拼音等文化程度限制和没有电脑等上网设备而不上网的非网民占比分别为 48.9%、18.2% 和 14.8%（见图 5-1）。由此可知，使用技能缺乏、文化程度限制和设备不足仍是非网民不上网的主

[①] 国家统计局：《中国统计年鉴 2019》，http：//www.stats.gov.cn/tjsj/ndsj/2019/indexch.htm。
[②] 国家统计局：《中国统计年鉴 2019》，http：//www.stats.gov.cn/tjsj/ndsj/2019/indexch.htm。
[③] 中国互联网络信息中心：第 46 次《中国互联网络发展状况统计报告》，2020 年 9 月，第 21 页。

要原因，由"物"的差异造成的数字鸿沟仍占主要比重。同时，易形成"数字围城"的原因主要包括以下四个方面。

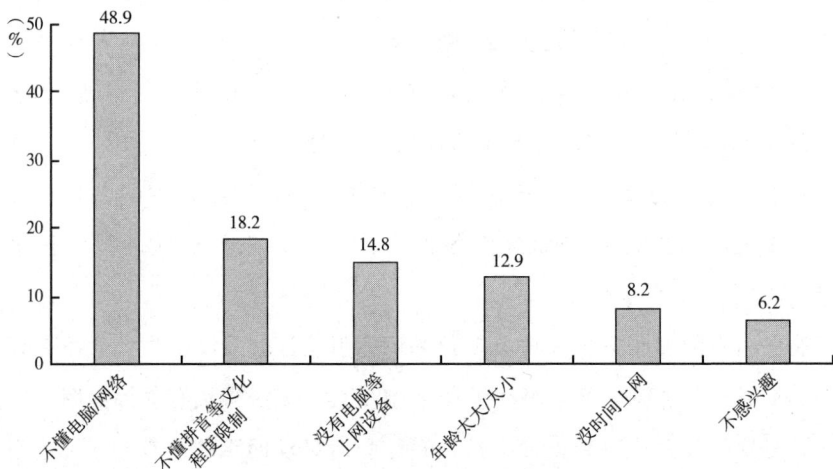

图 5-1　中国非网民不上网原因

第一，据国务院发布的《国家人口发展规划（2016—2030 年）》，2030 年我国人口总量将达到 14.5 亿左右，其中 60 岁以上老年人口占比将达到 25%左右，约为 3.62 亿。[①] 据报告推测，2020 年后我国老龄化加速的不利影响扩大，进而社会红利、创新动力和经济潜在增长率将受到显著影响。例如，老人无健康码乘地铁、公交受阻等现象就是由"数字鸿沟"造成的窘境。老年人口的增加会加剧数字鸿沟，同时数字鸿沟的加深亦会使老年人感到无法融入社会，进而影响社会的稳定发展。

第二，从互联网内容生产领域探究，诸多互联网公司均位于北上广深等特大城市，其资源与技术的巨大支持逐步使它们与互联网欠发达城市产生严重隔阂。例如，在西部与东北部较为偏远的城乡，互联网设施仍十分落后，仍处于"信息孤岛"状态，社会成员的利益无法得到切实有效的

---

① 《国务院关于印发国家人口发展规划（2016—2030 年）的通知》，http：//www. gov. cn/zhengce/content/2017-01/25/content_ 5163309. htm。

维护，因而这些地区易形成"数字围城"，不益于社会整合的有效良性运转。

第三，数字鸿沟加剧了网民之间的心理裂痕。开放自由的网络空间无法为网民提供去伪存真的真实信息，大量的奇葩新闻、偏激观点、虚假谣言充斥于网络空间，同时庞大的阅读量与转发量无法及时遏止此类信息的传播，因而易使社会个体之间产生心理隔阂，从而影响整个社会的凝聚力。

第四，数字鸿沟致使网络社会表达机会的不平等，损害"信息穷人"与弱势群体的利益。有学者指出，"社会公正的第一个基本价值取向是基于平等的理念，要让全体社会成员'共享'现代化建设的成果"，① 即平等是现代化民主的最基本要求。但数字鸿沟的出现，剥夺了一部分社会成员的参与权，这在一定程度上导致民众获取信息能力的不平等，"信息穷人"的利益和愿望无法通过互联网平台正常表达，在此基础上亦可能加剧政治参与的无序性并构成对国家政治稳定的潜在危害。

第二节 "信息茧房"破坏网络公共领域建构

伴随互联网技术快速发展，自媒体、融媒体、信息聚合媒体等信息传播媒介大量涌现，它们在革新旧的传播方式的同时，亦产生了一些新的社会矛盾，"信息茧房"便是其中一个引起社会广泛关注的问题。② "信息茧房"之于社会整合的负面效应具体表现在两个方面。从宏观方面，"信息茧房"拆解了网络公共领域，客观公正的信息市场被资本推手无限挤压，公共领域被各个意见领袖及其粉丝群体拆解成各种类别且坚不可摧的"信息茧房"。从微观方面，"信息茧房"扼制民众的独立思考能力，加深了公众的信息鸿沟，加剧了网民群体的极化并一定程度上削弱了社会黏性。

---

① 吴忠民：《社会公正与中国现代化》，《社会学研究》2019 年第 5 期。
② 本书仅论述了"信息茧房"的消极功能，但从保护个人隐私角度看，"信息茧房"具有一定程度的合意性和积极效应。因文章结构限制，本书将不再赘述。

一 "信息茧房"的成因及其表现

"信息茧房"这一概念最早源自凯斯·R. 桑斯坦的《信息乌托邦》，他所谓的"信息茧房"是指传播体系个体化所导致的信息封闭的后果，简言之即"我们只听我们选择的东西和愉悦我们的东西的通信领域"。[①] 与此同时，尼葛洛庞帝在《数字化生存》一书中也预言了个性化定制的"我的日报"即将出现。

"信息茧房"主要指伴随信息技术的迅速发展，社会成员以兴趣为主导习惯性地选择自身所关注的信息领域，进而将自己桎梏于像"茧房"一样的封闭空间之中，逐步成为逃避社会矛盾的孤立者。"信息茧房"产生的最普化效应即民众围绕自身兴趣或是既定观点组成社群，然而即便此类社群内部沟通高效顺畅，它与外部社群之间的交流却越来越少并愈加困难，特别是观点意见对立的两个社群更不易实现理性沟通。"信息茧房"是伴随个性化推荐的普及衍生的一个病态的社会问题，互联网时代促使获取信息的方式愈加便捷，多元社会为人们提供了更多的选择，但在更加民主自由的表象下，"信息茧房"也蕴藏着对民主的破坏与对网络公共领域建构的危害。

大多数学者从宏观与微观两个视角分析了"信息茧房"对于公共领域的负面影响。胡婉婷认为"信息茧房"对公共领域建构的影响主要体现在三个方面，即"自由意见表达受阻、群体极化造成理性批判的缺失、社会黏性削弱并破坏共同体维系"。[②] 周传虎认为"信息茧房"对凝聚社会共识的潜在威胁主要包含三方面，即"降低社会黏性，阻碍人类命运共同体的构建；强化分裂感和群体极化，阻碍中国梦的实现；扩大知识鸿沟，阻碍社会主义核心价值观的树立"。[③] 黄书琪认为，"信息茧房加剧公共议题的局限

---

① 〔美〕凯斯·R. 桑斯坦：《信息乌托邦》，毕竞悦译，法律出版社，2008，第8页。
② 胡婉婷：《"信息茧房"对网络公共领域建构的破坏》，《青年记者》2016年第15期。
③ 周传虎：《"信息茧房"对凝聚社会共识的双重效应》，《人民论坛·学术前沿》2019年第23期。

性，不同领域的公众难以形成相互理解和认同，产生沟通障碍，社会分歧加剧"。[1] 靖鸣等认为，"'信息茧房'的主体易致使个体丧失批判性与否定性，同时主体对异质信息的采纳意愿不强"。[2] 王妍认为，"'信息茧房'效应容易局限个人视野、加重群体极化、淡化社会黏性"。[3] 孙阳指出，"互联网从根本上改变了公共领域，同时知识产权在互联网空间中的扩张抑制了公共领域，不利于智力资源的有效利用"。[4] 综上而言，"信息茧房"对公共领域的负面效应主要体现在扼制民众的独立思考能力、导致公众的理性批判逐步丧失和一定程度上削弱社会黏性三个方面。

二 "信息茧房"扼制民众的独立思考能力

互联网诞生之时，民众相信网络将会使世界各地彼此紧密相连。然而伴随社会的飞速发展，互联网并没有完全促使社会成员间的沟通实现零阻碍，而真正顺畅的是无限膨胀的信息源。当今大多数社会成员缺乏对世界的元认知，同时诸多信息源均是在加工后通过手机应用程序直接推荐获取的，进而缺乏原始信息本源，缺少数字来源、数字逻辑和商业逻辑，并且各种"信息杂食"充斥于互联网平台与手机应用软件之中，造成信息失真与信息不确定等负面效应并将民众由"信息茧房"引向"信息牢房"，进而扼制民众的独立思考能力。

"信息茧房"为社会成员带来的归属感与安全感是陷阱的伪装，它最有力的伪装是对"独立思考"内涵的扭曲。互联网技术的迅速发展迎合了众多网民的需求，诸多社会成员的零散时间被互联网完全占据，进而无暇享受现实生活与社交带来的乐趣并与亲友关系日益疏远。"信息茧房"促使诸多个体将"独立思考"曲解为完全不受外部信息影响而形成自我主观意见，进而盲目排斥、屏蔽与自身观点不同的各种外部信息，甚至将这种行为标榜

① 黄书琪：《互联网背景下的公共领域结构转型》，《传媒论坛》2019 年第 11 期。
② 靖鸣、蔡文玲：《"信息茧房"负效应消解的路径选择》，《学习与实践》2020 年第 6 期。
③ 王妍：《警惕网络"信息茧房"效应》，《人民论坛》2020 年第 11 期。
④ 孙阳：《论互联网公共领域的发展和治理》，《海峡法学》2017 年第 4 期。

为自我的"独立思考"，这亦是众多社会成员身处"信息茧房"而自欺欺人的重要原因之一。大数据信息流推送不仅不会促进原创，反而会逐步扼杀原创，愈加封闭民众的视野、听闻甚至思想。与此同时，当社会成员开始上网时，若无明确上网目标，也容易陷入"信息茧房"，进而享受"信息茧房"带来的愉悦并深陷其中，从而逐渐被困入"信息牢房"而难以走出。

过载的大数据推荐算法易将"信息茧房"引向"信息牢房"。首先，以消费者在网络平台订外卖为例，当顾客订下一单外卖后，在较长一段时间内其手机外卖 App 的首页推送都将是该种美食，此种情况若出现在信息检索中，大数据推荐算法将逐步把社会成员束缚于狭窄的信息通道之中，这种"过载"的推荐算法使得原本富足的信息不再丰富。其次，以互联网平台为主的外卖产业的本质表征为一种良性的众包商业模式，"去中心化"是它的重要特征之一。但由于网络平台只负责完成匹配算法的任务而不涉及强制控制与合理调控，最初的以人为本的"去中心化"设计逐步失去意义，"超时"配送及顾客差评成为外卖骑手的紧箍咒。与此同时，平台的商业竞争压力无形中不断测试骑手的极限配送速度，由此，各地外卖配送员为了按时完成配送订单，交通违章成为"家常便饭"，进而造成外卖骑手被大数据算法牢牢控制，引致"信息牢房"等不利于社会整合的负面效应。

三 "信息茧房"导致公众的理性批判逐步丧失

同现实社会的群体极化现象相比较，网络空间的群体极化现象愈加凸显，网络群体极化是集体情绪化、过激化交往行为。"信息茧房"的形成加速了网络社交与网络信息浏览的封闭化，其加剧网络群体极化主要体现在以下四个方面。

第一，网络空间下，网民群体主要通过血缘、地缘、趣缘和业缘等关系而产生分化与类聚进而形成"信息茧房"，它表征为群体内同质、群体间异质的特性。当"信息茧房"形成时，群体内部成员与外部世界的沟通将大幅减少，群体成员拥有相似的观点与共同的志趣，群体成员的同质性特征愈加显著，经过时间的累积与岁月的历练，各个群体逐步形成了自我独特的风格特点，进而群体间异质性特征愈加鲜明。在网络舆论中，民众看到某种观点的点赞人数增多，则会愈加积极地关注并参与其中，进而逐渐强化此观点并促使它向更大范围扩展，吸引更多的民众支持并促成群体内部的同质性，当这种观点成为主流观点时，必然会扭曲民众对一般共识的认知。在这一过程中，网络在"扩大信息来源，使人们的判断和行为更加理性的同时，也可能会成为极端主义的温床"。①

第二，当民众长期居于"信息茧房"中时，信息受众思想易极端化。社会个体易产生盲目自信、心胸狭隘等不良心理状况，同时这种局限的思维方式将会把自我的偏见视为真理，从而强烈排斥其他合理性的观点介入，尤其在取得"同伙"的认可后将逐步演化为极端思想。当具有这种极端思想的民众的个人诉求无法得到满足或者事态未按其预想发展时，便会衍生出一些极端行为。这种偏执极端的思维方式将引致网民群体的不断极化。与此同时，在群体极化的情况下，群体的情感与信仰取代了事实真相，社会个体被淹没在历史长河中，群体成为"乌合之众"，诸多社会成员成为网络空间中单向度的个体，进而致使"劣质"的集体认同衍生为群氓意见，民众在网络空间下的谩骂、激战完全取代了网络的理性交流与沟通，进而群体极化可能导致社会极化。

第三，"信息茧房"逐渐促使网民焦虑情绪升高并降低民众的安全感，进而加剧网络群体极化现象。伴随互联网的迅速发展，数以亿计的网民共同构筑起全新的网络群落，他们在接收海量信息的同时，亦被碎片化信息所困扰，中国网民的焦虑症状愈加明显。从社会发展阶段探析，当前，国内经济发展处于经济增长速度的换挡期、结构调整阵痛期、前期刺激政策消化期的"三期叠加"特殊阶段，② 众多涉及公众利益的政策亟待改革，各种社会矛盾与社会冲突亦交叉凸显。与此同时，由于大量同质化与劣质化信息充斥于网络空间，信息过载使得社会成员难以分辨其真实性，进而加剧了民众的焦

---

① 王道勇：《网络社会中的群体心理极化与社会合作应对》，《中共中央党校学报》2015 年第 4 期。

② 吕本富、郝叶力编著《网络时代的中国》，外文出版社，2018，第 190 页。

虑感。巨量复杂的信息经过网络迅速传播后，极有可能形成失控的强大力量，同时部分极端言论经过网络放大器的扩散，更易引起社会危机，加剧网络群体极化。

第四，"沉默螺旋"导致"信息茧房"的出现，"信息茧房"的形成也无形中拓展了"沉默螺旋"的波及广度与深度。传播学中"沉默的螺旋理论"认为，"人们越沉默，其他人便越觉得某种特定的看法具有代表性"。[①]"沉默螺旋"不仅影响社会成员的心理认知，使个体产生趋附性和盲从性，亦会导致个体对外部信息的"偏听偏看""不听不看"，进而产生偏激甚至极端行为，不仅不利于个人和社会的多元化发展，更不益于社会整合的良性运转。当网络大 V 统领无意识民众时，异质性逐步被同质性吞噬，极端话语占据统治地位，一些网络大 V 的粉丝群就是"信息茧房"的最好示例。在此境况下，主流强势意见无限膨胀，群情激愤转化成一种直接损害公共领域理性建设的舆论压力，进而使网络空间中的群体极化现象愈加凸显。学者虞鑫等基于社会网络关系的视角，"对网络讨论中的意见领袖、沉默螺旋和群体极化现象进行了模拟仿真"，[②] 研究发现个人特质与核心人物占比结合，将会显著引起群体极化现象。总之在网络大环境下，因恐惧被孤立而顺从多数人观点的现象比比皆是，其主要表现为四种类型：妥协式沉默螺旋、抗争式沉默螺旋、逆向感性的沉默螺旋和多元无知的沉默螺旋（见表 5-1）。[③]

表 5-1 网络空间中"沉默螺旋"的表现、目的及影响

类型	表现	目的及影响
妥协式沉默螺旋	在发表意见之前观察舆论环境，与自己意见相同时积极表达，与自己意见相左时沉默	人内心的博弈，既要预测他人的意见动机，又要权衡自己的利弊，是出于自我保护的一种沉默

[①] 邓莎莎：《解读大数据：支持决策研讨的文本分析方法研究》，中西书局，2017，第159页。
[②] 虞鑫、许弘智：《意见领袖、沉默的螺旋与群体极化：基于社会网络视角的仿真研究》，《国际新闻界》2019年第5期。
[③] 李娜：《后真相时代"沉默的螺旋"的出场语境与形态》，《青年记者》2018年第5期。

续表

类型	表现	目的及影响
抗争式沉默螺旋	"沉默"主体开始发声、抗争,为维护公共利益、社会利益而对抗、批判	彰显信息人的主体性,维护公平正义
逆向感性的沉默螺旋	对网络事件归类打包与感情预设,借助戏谑化、感性化、讽刺化的语言对抗传统媒体、公共部门,使传统精英变成少数人而趋于沉默	增强公权力、社会公共部门的对抗和敌视心理,形成刻板印象
多元无知的沉默螺旋	不明真相,只凭感性知觉,受情绪化、网络化、煽动性网络语言影响而采取"一边倒"的谴责	权威消解、群体狂欢,集体无意识

四　"信息茧房"引致社会黏性的削弱

社会黏性是通过经验、知识、需求和任务将民众诸多共同的记忆和关注点连接在一起而构建的共同"联盟"。自原始社会以来人类就处于群居状态,历史亦多次验证群居能够确保更多资源的开发利用并推动人类的生存与发展。马克思指出:"人的本质并不是单个人所固有的抽象物,在现实性上,它是一切社会关系的总和"①,他充分论证了人的本质属性是社会属性。

整个社会需要社会黏性,这种黏性是由共同经验建构形成的。但在互联网时代,社会成员能够对信息进行选择性获取,进而减弱了共同经验的积聚,不同群体之间的意见冲突则不断上升。当民众把不感兴趣与厌恶的信息过滤掉时,就无法理解和明晰异己的观点和价值观。继而社会黏性逐步下降,共同体的维系也会随之产生各种矛盾与冲突。网络空间下的黏性可分为网上黏性与用户黏性,具体指互联网吸引网络用户经常访问点击的一种特性。伴随互联网的飞速发展,社会个体间现实接触交流的机会逐渐减少,而在网络虚拟平台上的沟通迅速普及的同时选择信息的自由度提升,因此较易形成"信息茧房",阻碍社会的整合与发展。社会个体、社会群体之间缺乏

---

① 中共中央马克思恩格斯列宁斯大宁著作编译局编译《马克思恩格斯选集》(第一卷),人民出版社,2012,第78页。

黏性时，将逐渐离散成单一的孤立的社会力量，极大地弱化社会群体的积极功能。

从社会心理学视角探究，社会成员倾向于追求个体之间的"认知平衡"。就是说当民众得到的信息与自身的认知框架不符时，会选择拒绝接受并依照自身已建构的世界观、价值观框架改造异己信息。互联网的出现使民众摆脱了现实公开的信息平台的束缚，虚拟的网络平台为所有社会成员提供其希望并乐于看到的信息内容。当这种模式反复叠加运作时，接收到的信息就只能是"信息回声"。"信息回声"形成"信息茧房"并使民众难以克服自身知识的局限，更难以在社会生活中形成有价值的基本共识。当诸多社会个体形成社会异质思想时，势必会影响社会黏性，进而降低人与人之间的信任程度，引发社会舆论危机。因此，"信息茧房"的极度深化会不断破坏社会的基本共识并使整个社会丧失黏性。与此同时，有学者将虚拟社区黏性作为前置因素并通过理论模型分析得出结论（见图5-2），"虚拟社区用户在社区中的朋友圈感知越强烈，社区氛围越好，用户的社会黏性则越大；反之，虚拟社区用户的社会黏性和技术黏性对网民的转换意愿和浏览意愿均有负面效应"。①

历史与实践证明，社会成员需要通过共同经验分享的路径构建具有黏性的社会共同体，而且良好的社会共同体促使民众感受到较为满足的存在感、归属感与认同感。与此同时，当社会黏性较高时，一旦少数民众处于危难之中，其余民众能够给予充分的有效援助。如新冠疫情暴发后，整个中华民族与全体中国人民在中国共产党的领导下第一时间团结聚集在一起共同抗击疫情并取得了显著成效。而缺乏黏性的国家只关心各国内部与别国之间的政治经济利益，破坏国际社会抗击疫情的共同努力，致使国内民众之间的社会黏性大大降低。

---

① 巴晶、胡丽娜：《虚拟社区粘性对网民参与行为的影响：实证研究》，《现代管理科学》2012年第5期。

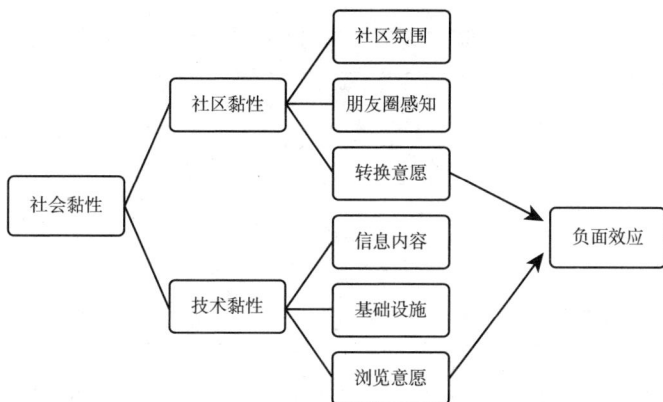

图 5-2　社会黏性的负面效应

第三节　人工智能与区块链冲击社会结构

　　"社会结构"的最早定义源于人类学家拉德克利夫·布朗，他认为，"社会结构"实际上就是"社会关系网络"。[①] 我国学者陆学艺认为"社会结构"同经济结构相同，是由多个子结构组成的（见图 5-3）。[②] 马克思主义社会学关于"社会结构"具有广义与狭义两种阐述：广义的社会结构指社会各基本活动领域；狭义的社会结构指由社会分化而产生的诸如就业结构、社会阶层结构等各种结构。本书关于人工智能对社会结构冲击的表述正是基于其狭义层面，并具体简述人工智能对于传统产业与社会劳动就业的冲击影响。

　　与诸多科学技术相同，人工智能对于人类社会而言亦是一把"双刃剑"。人工智能依托互联网科技，为人类带来便捷与经济效益的同时，亦深刻地变革整个人类社会，大量行业被重新定义，就业结构、社会伦理与劳动者都面临明显的冲击与巨大的挑战。

[①]　苏流芳：《当代中国社会结构转型研究》，博士学位论文，中共中央党校，2018，第 23 页。

[②]　陆学艺主编《当代中国社会结构研究报告》，社会科学文献出版社，2018，第 9 页。

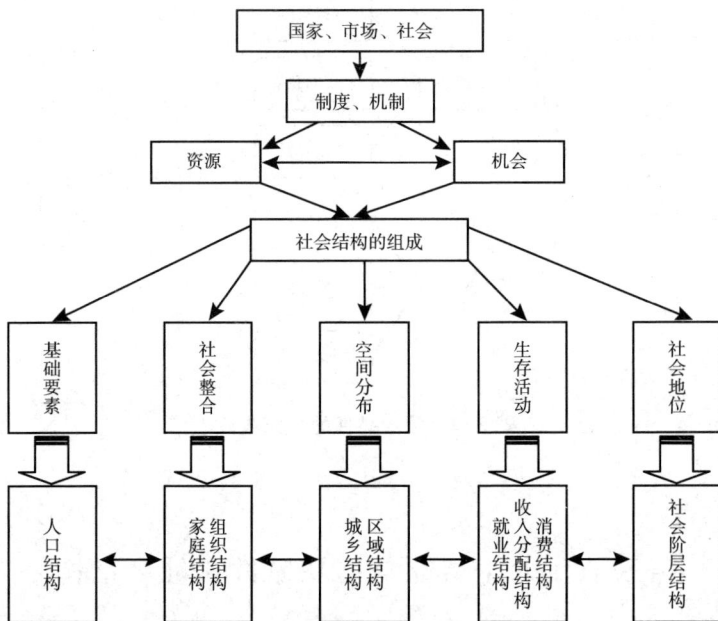

图 5-3　社会结构的基本组成要素

一　人工智能的特征及其表现

人工智能（Artificial Intelligence，AI）在不断发展革新的同时，加速推动整个社会环境和社会价值发生根本变化。伴随互联网技术的快速革新，现代超级计算机的强大计算能力、超快的网络传输速度和巨大的内存空间为民众带来巨大便利的同时，也对传统社会结构形成巨大冲击效应。尤瓦尔·赫拉利认为，"在 18 世纪，人文主义从以神为中心的世界观走向以人为中心；而 21 世纪，数据主义则可能从以人为中心走向以数据为中心，把人推到一边"。[①] 这个预测正确与否暂且不言，但是大数据和人工智能的兴起的确对各行业领域造成了不同程度的冲击。

第一，从根本上而言，人类设计的各种人工智能机器与产品首先要秉持

---

① 〔以〕尤瓦尔·赫拉利：《未来简史》，林俊宏译，中信出版社，2017，第 354 页。

以人为本的原则。人工智能机器运行或工作形成的信息流与知识模型要以为人类提供便捷服务与延伸民众能力为根基，尤其不应做具有目的性的伤害社会成员的行为。同时，人工智能系统借助传感器设备实现人机互动，并且帮助或代替人类做较危险与其不能完成的工作。此外，日益革新的人工智能系统具有一定的学习能力与适应能力，能够通过云计算、大数据等数字技术连接扩展，实现机器客体乃至人类主体的迭代演化，进而使人工智能系统被娴熟运用于各行各业与各种现实复杂环境。

第二，人工智能与大数据是相互依存的。大数据除了"大"这一特征外，还具备多维度与被动关联两大特点。此外，信息化时代的咨询和分析服务，不再是传统社会的逻辑性求证的确定方式，而是跨越逻辑，直接用数据之间的关联性说话。当前，数据驱动论已经全方位碾压模型驱动论，人工智能愈加重视相关性而明确放弃因果理论，这足以表明当前信息化时代的思维方式已由智能思维变革到数据思维阶段。此外，人工智能、大数据与区块链等新兴科技正在助推共建新一轮的"万物互联"，人的数据化生存实质是逐步削弱虚拟与真实之间的划分界限，进而创造一个超复制与超扩散的世界，这样一来，如何在全景式的智能社会中重新界定隐私与保护隐私亦是人类面临的新的伦理、法律与社会挑战。

第三，人工智能具有弱人工智能、强人工智能与超强人工智能三种形式，同时机器智能水平取决于统计学中随机性的算法建模和学习样本的体量或规模。其中，弱人工智能指不具备独立思考能力与人类智慧，但能够依照程序设计完成某一特定的任务，例如苹果手机的唤醒"Siri"功能、百度的"小爱同学"音响和智能扫地机等人工智能机器与软件。强人工智能指具备独立思考能力和情感的人工智能，例如《西部世界》影片中的机器人接待员自我意识的逐步觉醒并对人类产生仇恨的情绪。超强人工智能指具备超越人类的思考能力并且摆脱人类控制的智能阶段。当前全球人工智能仍处于弱人工智能阶段，但伴随互联网技术与智能科技的日益革新，要时刻警惕强人工智能可能给人类社会带来的巨大挑战。

第四，由人工智能驱动的智能社会是信息文明时代的高级阶段，同时人工智能对于社会结构的直接效应是促使人类社会迈向后信息化社会阶段。这个社会必然会全方位地重构整个人类社会的思维方式、生活方式与生产方式，乃至当前在现代性基础上构建的各个方面。伴随互联网产业的发展，人工智能等相关技术逐步应用于各种传统行业。同时，人工智能的发展必然会推动产业结构和人才结构的升级与革新，进而有效促进社会生产力的提高。此外，人工智能产品应用环境的日趋成熟与完善亦将承担更多的社会分工，从而多维度影响整个社会结构。

第五，人工智能的不确定性易引发社会冲突。经过60多年的发展，人工智能技术已经覆盖各个行业领域，影响范围广、颠覆性强的特征已使其成为引领未来的战略性技术。人工智能技术在极大地提升城市公共服务水平的同时，其不确定性也给人类社会的发展带来了新的挑战。有学者指出，人工智能的不确定性包括四个方面，即信息获取的不确定性、认知的不确定性、形成知识的不确定性以及决策结果的不确定性。[①] 以智能手机语音识别系统为例，当 AI 获取信息时，易受到各种主客观因素的干扰，导致信息传输与信息收集不匹配，从而产生矛盾；当 AI 自主决策时，它不能主观感知环境氛围，进而导致智能决策与用户初衷背离，引发各种冲突，不利于社会的稳定发展。

二 人工智能对传统产业的冲击

互联网的高速发展迫使众多传统行业领域的岗位逐渐被以互联网为平台的新兴技术所替代。"人工智能技术之所以会产生就业替代效应、造成劳动者失业，根源在于这一技术具有替代人类劳动的作用。"[②] 学者李路路指出："中国社会已经开始进入后工业社会，传统的产业工人逐渐在社会结构中不再具有绝对的重要地位，在第三产业部门，特别是现代服务业中就业的人口

---

① 张昕：《人工智能中的不确定性问题研究》，硕士学位论文，国防科学技术大学，2012，第24页。

② 潘文轩：《人工智能技术发展对就业的多重影响及应对措施》，《湖湘论坛》2018年第4期。

已占据相对多数的地位。"① 互联网金融业在一定程度上改善了传统银行关于交易成本和交易信息小范围对称的情况，新型的信息多元化交换方式也迫使一些传统银行就业岗位逐渐消失，目前，我国银行的全行业离柜交易率已达 89.77%。② 互联网媒体对传统媒体的冲击可谓是疾风骤雨。网络电视、网络广播、微博、微信、电子期刊等各种新的传播媒介为各层次的群众提供了极其方便的信息获取路径，使得具有一定滞后性和迟缓性的传统媒体丧失了大量的受众群体，也迫使一些从事传统媒体行业的人群面临失业的窘迫困境。此外，行政办公行业的白领职员也受到自动化办公系统的不断侵蚀，大数据和人工智能的兴起对各行各业造成了强有力的冲击。与此同时，麦特卡夫定律证明，"网络的价值与用户数量的平方成正比——用户能给网络价值带来几何级数的增长"。③ 伴随网络规模的扩张，网络化的市场也愈加机智敏锐。

以人工智能制造和机器人等为标识的高端制造业的发展，新型生产技术与新兴制造业的诞生，对以劳动密集型为代表、重复性与程序化为特征的传统制造业也形成了规模性的冲击效应。互联网技术的不断革新，使得生产设备和生产程序更加自动化和智能化，在提升劳动效率的同时也降低了对劳动力的需求，势必造成大量劳动力的溢出，随之制造业蓝领工人被工业机器人取代，最终对产业结构转型形成重要影响与冲击。人工智能制造从单一软件的开发逐步发展到当今深度融合的状态，其实现了整个制造业价值链的智能化与创新，亦是信息化与工业化深度结合的体现。2017 年 BBC 与剑桥大学联合推出的一篇调查报道指出，在英国现存的工作种类有 35% 会在未来的20 年内完全被取代。此外，除了体力劳动外，会计、金融、摄影、法律等

---

① 李路路：《中国 70 年社会结构变革及其研究》，《社会科学战线》2019 年第 8 期。
② 《中国银行协会发布〈2019 年中国银行业服务报告〉》，https://www.china-cba.net/Index/show/catid/14/id/31293.html。
③ 〔美〕里克·莱文、克里斯托弗·洛克、道克·希尔斯、戴维·温伯格：《互联网的本质——传统商业的终结与超链接企业的崛起》，江唐、丁康吉译，中信出版社，2016，第209 页。

往常被认为是脑力劳动的岗位，一样会受到 AI 发展的影响。[①] 但也有研究预测，2030 年，在人工智能取代 4 亿个现有工作岗位的同时，会有 8.9 亿个新工作岗位出现。[②] 简而言之，随着时间流逝，机器变得更能干，为专业人士创造充足的支付合理报酬的就业机会将变得越来越困难。[③] 反过来，产业升级使得产业结构中以生产性服务业为代表的服务产业比重逐渐增加，吸收了大量社会劳动力。这也造成制造业因劳动力的缺乏而不能进一步扩大生产规模，从而抑制了该产业的发展。

三　人工智能对社会劳动就业的冲击

每一次科技革命都会对劳动力市场产生巨大冲击，互联网就业是现有的一种重要就业方式，人工智能产生创造效应的同时也对传统劳动就业模式形成了一定的冲击。传统的劳动行业、固有的劳动关系和就业者个体已然成为互联网就业模式的主要冲击对象，同时，简单、重复与高危险性的工种逐步被人工智能机器所取代，进而造成部分群体失业。

（一）互联网对劳动关系的冲击

互联网技术的发展让社会经济生活产生了历史性变革。互联网技术成为中国经济发展的新动能，也为经济转型升级和劳动力提质增效注入了新的生机与活力。然而互联网经济在创造新的经济增长点时，也形成了新的消费模式和商业模式，而新业态对传统的大工业合作生产模式和传统行业的劳动关系造成强大的冲击效应。其一，劳动关系存在的基础发生改变。原有的大工业合作生产模式逐渐被边缘化，固有的集体劳动关系被迫面临不同程度的解构与重建，互联网经济下生产经营模式将不再受实体工厂和企业的约束。其二，劳动关系主体发生变更。互联网经济的信息传输即时性和工作搜寻便捷

[①] 〔英〕理查德·萨斯坎德、丹尼尔·萨斯坎德：《人工智能会抢哪些工作》，李莉译，浙江大学出版社，2018，第 57 页。

[②] 王兰仲：《人工智能：冲击就业还是创造就业》，《金融博览》2020 年第 1 期。

[③] 〔英〕理查德·萨斯坎德、丹尼尔·萨斯坎德：《人工智能会抢哪些工作》，李莉译，浙江大学出版社，2018，第 339~340 页。

性，无形中降低了就业门槛，衍生出大量的兼职就业和零工就业，促使劳动主体范围不断扩大，但这在一定程度上对传统劳动关系的人身依附属性和劳动伦理关系产生破坏效应。其三，劳动基本要素出现变化。"互联网经济下，工作场所由集中趋向分散，工作时间由固定趋向灵活自由，劳动服务的提供由被动接受趋向主动选择，劳动报酬支付由单纯的货币支付方式趋向多元的电子支付方式。"①

（二）人工智能对劳动者的冲击

互联网的发展与人工智能的革新是密不可分的，互联网给人工智能提供了更快速、更便捷的知识共享平台。新一轮科技革命已然推动传统产业改造升级，互联网也不断加速产业结构转型。人工智能的出现完全改变了传统的生产关系，生产力几何式增长势必会导致劳动力需求的大幅下降。虽然，目前人工智能技术的发展还未完全成熟，对劳动者的就业冲击尚不明显，但是，人工智能操作和机器人的使用已成为未来产业发展不争的事实，尤其是在水下、空中和高危地形等一些特殊工作环境，人工智能机器已经能够代替人类完成工作。这在不改变现有工作模式的前提下，无形中提升了对劳动力自身素质和岗位技能的要求，迫使一些低技能劳动力者无法就业。正如学者黄欣荣所言，"从表面上看，人工智能让人类失去的仅仅是工作，但从本质上来看，这是人工智能对人类作为唯一劳动者以及人类劳动权的挑战"。②他还指出，人工智能挑战了人类的存在方式、劳动价值观、财富分配方式与进补方式。③据世界经济论坛的调研数据预测，截至 2020 年，在全球 15 个主要的工业化国家中，机器人与人工智能的崛起将导致 510 万个就业岗位的流失，多以低成本、劳动密集型的岗位为主。④ 概而言之，人工智能机器最终可能取代中低级工作，同时保留最高级别的工作。

---

① 吴红列：《互联网经济下的劳动关系发展》，《温州大学学报》（社会科学版）2018 年第 5 期。
② 黄欣荣：《人工智能对人类劳动的挑战及其应对》，《理论探索》2018 年第 5 期。
③ 黄欣荣：《人工智能对人类劳动的挑战及其应对》，《理论探索》2018 年第 5 期。
④ 梁颖：《人工智能革命冲击下的劳动力就业市场及社会伦理准则的建构》，《人口与计划生育》2018 年第 7 期。

新时代背景下，我国经济发展进入新常态。但从目前国家人才素质整体情况看，现有人才素质无法满足其对人工智能复合型人才的要求，市场需求缺口巨大。同时，国内高校与科研机构的人工智能学科体系尚未建立，相关人才培养滞后，这样势必阻碍产业发展和人才就业。大量智能机器的投入运行导致各行各业中高等智能技术员工和普通员工呈两极分化，扩大社会各阶层的收入差距，加速失业率增长，在对个体劳动者就业安全感形成冲击的同时，也会对拥有庞大人口基数的社会整体造成冲击效应。互联网新型商业模式中要求管理者管理的人数可能是以前的数十倍之多，传统的管理观念已不再适合新型企业管理模式。企业管理者如何转变管理方式，变换管理理念，将更多人聚合在一起，提高劳动生产效率和增加生产总值，亦是面对互联网人工智能快速变革需要深思的问题之一。与此同时，人工智能带来的最深刻的影响是对人类社会伦理关系的冲击，智能助手与情感陪护机器人等新型科技产品正在逐步革新传统社会的人际关系与道德观念。

总而言之，伴随人工智能技术的日益革新，它将对传统社会结构形成巨大冲击效应，乃至影响社会整合的良性运转。但是，社会实践和社会调查始终是区别人的智能与人工智能的重要方式，亦是人工智能永久无法逾越的鸿沟。

四　区块链技术可能引发的社会危机

伴随信息技术的突飞猛进，区块链技术逐步成为众多行业十分关注的技术，区块链技术能够给人类社会带来巨大的改变及价值已经成为社会共识，但同时不应忽视它带来的负面影响，并正视区块链带来的风险与危机。本书第四章第三节已经简单叙述了区块链的基本特征及其为制度整合提供的有力保障，现就区块链可能引发的社会风险进行简要探究。

第一，就技术层面而言，区块链作为一种新兴技术，其初期存在交易速度较慢、可扩展性较差和耗能大等技术问题。汤媛媛指出，当前区块链自身发展具有代码漏洞、交易被篡改、私钥丢失和效率低下等风险，[①] 其创新性

---

① 汤媛媛：《区块链风险治理：困境与规制》，《税务与经济》2020 年第 5 期。

亦存在与现行法律冲突以及法律空白的双重问题。同时，一旦区块链技术被黑客攻击或者滥用，很大可能会给国家金融安全、信息安全等方面带来新的风险。有学者指出，区块链自身的可信任并不等同于输入信息的个体可信任，因此，来自系统外的道德和信任风险仍然存在。[①]

第二，区块链技术的快速发展可能加剧社会阶层的固化。"去中心化"强调的是在技术规则赋权下的绝对信任化，但是区块链的"去中心化"也并非绝对。即使区块链在技术与理论上可以实现绝对的"去中心化"，但伴随现实社会中资源的流动与市场的运作，将形成新的中心，进而在功能与意义上均会对"去中心化"造成一定程度的削减。此外，基于区块链的可扩展性，它能够催生新的虚拟权力，从而致使政治权力的再集权，由此导致少部分技术精英垄断或一些公共事务不受任何监督，难免造成一定程度的不平等和不公现象。加之，因个人行为、价值观与各种利益存在巨大差异，正如区块链技术无法实现绝对的"去中心化"一样，其"共识机制"技术的运用也将与现实社会之间产生显著差距。从这个角度来看，区块链技术的发展的确推动了社会整合的智能化、社会化，但是这种技术不能惠及所有社会成员、社会阶层，甚至可能导致底层民众处于更加弱势的地位，进而加剧社会阶层的固化，不利于社会团结。[②]

第三，区块链可能造成人的主体性丧失。人既是技术的构建者，亦是技术的运用者和作用对象，技术的迅速发展能够为经济社会发展提供新的动能与机遇，但它过快的更新亦有可能导致人的主体性的物化与异化，甚至发展成为一种新的外在的异己力量。[③] 区块链的高度信任化与智能化，能够加快推进社会整合与社会治理的数字化，但同时可能促使社会成员对数据和机器的过度依赖，从而削弱人的主体性，甚至将诸多民众异化为机器的附庸工

---

① 张佳星、谢熠、彭凯平：《区块链与社会治理：契合、优势与风险》，《社会发展研究》2020 年第 1 期。

② 张佳星、谢熠、彭凯平：《区块链与社会治理：契合、优势与风险》，《社会发展研究》2020 年第 1 期。

③ 孙伟平：《人工智能与人的"新异化"》，《中国社会科学》2020 年第 12 期。

具，使得社会整合陷入数据和机器绝对控制的困境。正如学者所言，区块链中的所有数据均具有不可协商、不可修改、不可逆等特征，使得道德丧失了应有的权力。①

第四节　"网络民粹"危害社会和国家安全

民粹主义发生于急剧变迁的社会，是现代化和全球化的产物，其核心理念是极端强调平民的价值和理想，主张维护平民的利益反对现代政治和全球化。概言之，即所谓"民众中心"或"人民至上"。民粹主义的影响是多面的，积极与消极并存，并依据具体环境的转变随时发生变化。互联网的出现与普及为民粹主义提供了更加自由的虚拟网络空间，民粹主义能够更大化地在网络空间中积聚宣泄，当网络民粹主义发展到一定阶段时将会极大地侵蚀网络生态，不断危害国家利益与扰乱社会秩序，并对社会整合产生极具危害的消极效应。

一　"网络民粹"的成因及其表现

网络民粹主义的兴起源于民粹主义历史，并逐渐成为中国社会值得关注的一种现象。② 从字面上理解，网络民粹主义即网络与民粹主义相结合的产物，是凭借网络信息技术，依托互联网平台而兴起的民粹主义。网络民粹主义"有着与民粹主义基本相同的特征，人民至上、道德至上、反智反精英和民族主义是其不变的基调"。③ 有学者认为，"网络时代将是民粹主义的黄金时代"。同时，"作为在网络空间呈现出来的一种社会思潮，它总是有意识地把社会分裂为两大对立的集团，即纯洁的人民和贪腐的精英"。④ 就积

---

① 范毅强：《区块链技术的风险与伦理规约的路径研究》，《自然辩证法研究》2019 年第 2 期。
② 本书的网络民粹主义主要是指网络成员丧失理性的批判与否定，已然严重危害社会和国家安全的过激行为，并依托互联网平台而形成的一种民粹主义。
③ 王娟、李欣：《网络民粹主义研究的缘起、论域与展望》，《中学政治教学参考》2017 年第 6 期。
④ 刘小龙：《冲突与整合：网络民粹主义治理机制的建构》，《理论导刊》2017 年第 5 期。

极层面而言，网络民粹主义能够较好地表达民意、反映民情，加强民主监督与推动政务公开；但其不断加剧社会分裂、瓦解政治共识和渲染仇富情绪等消极因素对于社会的稳定具有严重的危害，社会的严重分裂极易为民粹主义提供最丰厚的土壤。

刘小龙认为，中国网络民粹主义是社会转型、技术变革、心理嬗变等多种宏观因素嵌入微观的网络空间并持续发酵所致（见图 5-4）。他从多元互动视角出发将中国网络民粹主义生成的复杂性概括为四种机制：社会转型与网络民意聚合机制、制度间隙与网络参与连接机制、大众心理与网络情绪发酵机制和大众文化与网络文化媚俗机制。[①] 郑振宇从精英与大众的核心视角切入，认为中国网络民粹主义生成的现实根源主要体现在利益分配不公，国内居民基尼系数一直高于国际公认的贫富差距警戒线；社会结构失衡，阶层结构逐步趋向"哑铃型"的失衡状态，阶层流动日趋减弱乃至固化；阶层话语权不对等，在现实社会中大众阶层话语权式微、维权艰难；社会心理冲突较为严重，炫富、特权和冷漠等不当心理与行为刺激了大众神经。[②] 汤孟浩等学者将中国网络民粹主义的成因概括为五个方面：互联网技术的普及与发展，民众政治诉求与政治参与的促进，转型期社会背景的催生，大众时代群体心理的推动和具体社会事件的引燃。[③] 路晓锋等认为网络民粹主义生成的原因为：现实社会问题在网络空间的映射；信息技术赋权在网民心理中的契合；网络参与主体的角色定位模糊；公众网络参与政治的规范化欠缺。[④]

中国网络民粹主义总体表现为一种情绪宣泄，缺少缜密详细的政治诉求，因而其观点极端化、情感激进化，民生诉求大于政治诉求、短期诉求大

[①]　刘小龙：《多元动因与网络聚合：当前中国网络民粹主义的生成机制》，《理论与改革》2019 年第 4 期。

[②]　郑振宇：《网络民粹主义的生成及治理——基于精英与大众的关系视角》，《内蒙古社会科学》（汉文版）2018 年第 2 期。

[③]　汤孟浩、王飙：《我国网络民粹主义的成因与对策》，《党政干部学刊》2018 年第 7 期。

[④]　路晓锋、刘鹏茹：《网络民粹主义对意识形态安全的挑战及应对策略》，《河北学刊》2020 年第 1 期。

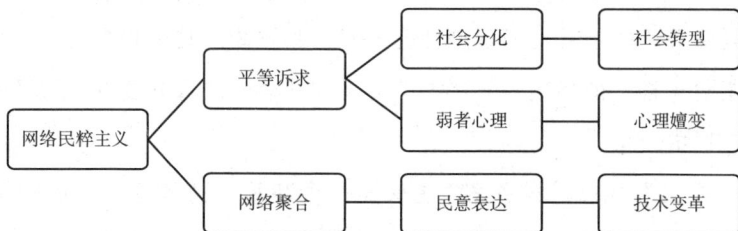

图 5-4　网络民粹主义的成因及表现

于长远诉求，有学者将网络民粹主义的特征表现形式概述为"观点的极端性、情感的煽动性、群体的模糊性、传播的发散性和目标的恒久性"。① 网络民粹主义具体表现形式包括以下几方面：在价值层面，网络民粹主义表征为对现存体制的不满，对通过规章制度等途径达成利益诉求持有质疑态度，因而不断采取比较偏激的手段，通过互联网平台散布相关非客观、非理性的不当言论，仇富仇官意味浓厚，怨恨情绪严重。

在社会层面，主要表现为对现实的批判，以社会矛盾为主要关注点，以反权威、反精英主义的底层姿态出现。在工具层面，由于互联网平台具有虚拟性，个别媒体和煽动家为吸引公众关注，通常打着人民的名义，为弱势群体寻求公平正义的旗号挑战官方权威，并雇用一批"网络水军"肆意宣扬并歪曲事实，从而招致一群"乌合之众"逐渐提升社会关注度，制造社会冲突并对社会秩序稳定与社会整合良性运转产生消极影响。此外，在外交层面，网络民粹主义与民族主义相结合，以反对全球化、反对西方国家为内容，以极端排外性的情绪表达为形式。总而言之，网络民粹主义思想在网络群体事件、微博热点及网络流行语等网络文化中呈多种渗透式体现形式。

二　"网络民粹"侵蚀网络生态

互联网时代，信息大爆炸程度越来越高，民众获取信息的渠道反而愈加有限，伴随信息的无限扩张，民众对信息获取渠道的依赖程度则逐步加深。

① 刘强：《网络民粹主义国际与国内危害》，《人民论坛》2016年第13期。

这种依赖性易被各种势力暗中操控，影响民众的倾向性与独立思考能力，通过各种互联网技术潜移默化地将民众中的"最大公约数"操控成自身设想的模样，从而侵蚀整个网络生态。与此同时，网络民粹主义源于互联网并作用于网络空间，它像变色龙一样能够随环境的变化而变化，[①] 网络民粹主义从根本上倡导绝对平等并绝对否定政治精英的作用，其通过不可捉摸的多样变化逐渐侵蚀国家的网络生态环境。

第一，网络民粹主义误导舆论走向，污染网络空间的理性环境。党的二十大报告指出："拜金主义、享乐主义、极端个人主义和历史虚无主义等错误思潮不时出现，网络舆论乱象丛生，严重影响人们思想和社会舆论环境"，[②] 互联网的匿名化与虚拟化特征，促使一些信息的传播带有不确定性与模糊性特质。网络民粹主义者一方面利用互联网的虚拟化特征，另一方面利用底层民众对于信息不具有准确鉴别能力的漏洞，以"绝对平等、均贫富"等为偏激煽动口号，进而促使民众在情感上形成理念认同，逐步产生"羊群效应"，达到人云亦云的效果。同时，这种具有共同特质的信息极易引起社会共鸣并迅速传播，当这些信息在传播过程中被有意或无意地加入一些非真实因素时，事实真相逐渐偏离正轨，进而将舆论的关注点引向背离事实真相的歧途。这样一来，诸多不满情绪与非理性语言将充斥于网络空间，温和与理性的声音逐渐式微，理性的网络空间环境将面临极大的威胁与危害。

第二，网络民粹主义以维护国家利益为缘由，在网络空间中建构极端狭隘的民族主义。近年来，网络民粹主义与民族主义时常呈现聚合状态，偏激的"网络大 V""网络红人"等以维护国家利益为缘由，利用自身的身份动员广大网民与雇用众多"网络水军"制造网络社会冲突。由此，网络民粹主义所构建的极端民族主义逐渐割裂国家与个人的辩证统一关系，不断消解社会成员的民族精神，歪曲爱国主义的实质精神并对民族凝聚力产生极大的

① 俞可平：《现代化进程中的民粹主义》，《战略与管理》1997 年第 1 期。
② 习近平：《高举中国特色社会主义伟大旗帜　为全面建设社会主义现代化国家而团结奋斗——在中国共产党第二十次全国代表大会上的报告》，人民出版社，2022。

冲击效应，从而直接威胁国家的网络安全。

第三，网络民粹主义借用粉丝经济模式诱导群众盲目消费。粉丝经济是利用粉丝与明星偶像、网络红人等之间的关系，实现经营性创收的行为模式。网络民粹主义者借用粉丝经济模式，以营销、炒作、造假等各种手段方式出卖销售明星等被关注者的文化身份与生活私密信息以迎合大众口味，博取群众眼球，进而在网络中聚敛人气并诱导群众盲目消费，将大众的粉丝追星心理转化为追星资本获取商业利益。这种诱导盲目消费行为的消费主义与网络民粹主义的共制品，若不加以合理治理，极易引起群体消费心理的非理性化与非正常化等恶劣走向，逐步侵蚀我国传统节约性消费文化并造成大量浪费。

第四，网络民粹主义制造舆论压力，不断削弱政府公信力。中国网络民粹主义没有统一的政治纲领，因而不能定义为政治运动，其目标在于寻求短期眼前利益，并秉持"大闹大解决、小闹小解决、不闹不解决"的理念，同时由于底层网民群体整体素质较低，其中难免掺杂着反精英主义、反智主义等成分，这些民粹主义倡导者通过各种方式"闹大"形成舆论压力，并通过无良媒体肆意宣传无政府主义的好处，同时实施"信息裁剪"行为诱导舆论走向，消解社会的政治共识，迫使政府从"维稳"视角出发采取相应措施，网络空间并非无菌室，而是庞杂交融的信息环境。由此，互联网"左右结构"的无中心化格局将逐步取代"上下结构"的格局，广大群众的政治信仰与政府的公信力面临分崩离析的危险困境。

三 "网络民粹"危害国家利益与社会秩序

习近平总书记指出，"互联网是我们面临的最大变量，直接关系意识形态安全和政权安全。"① 网络民粹主义是现实民粹主义向网络空间发展的一种新型民粹主义，亦是当今互联网时代一种具有反动性质的新型社会思潮，其对于国家安全的危害主要体现在以下两个方面。

---

① 习近平：《切实担负起意识形态工作主体责任》，《人民日报》2015 年 11 月 18 日，第 1 版。

　　第一，网络民粹主义侵蚀国家主流意识形态。伴随互联网、大数据和人工智能等技术的迅速发展，以抖音、今日头条为代表的手机应用软件能够愈加准确地依据社会个体的兴趣、爱好向其推送个人感兴趣的信息内容，这一方面提高了人们利用信息的效率，另一方面也极易失去立场，将自己孤立在封闭的空间中。大多数网络民粹主义者正是由于缺乏独立的判断力与鉴别力，不会主动对信息进行筛选和屏蔽，形成偏激情绪进而侵蚀主流意识形态。当前，以马克思主义为指导的主流意识形态，在理论根基、价值诉求和实践方向等方面都与网络民粹主义的思想有着显著差异。因而当主流意识形态无法在网络空间中畅通宣传时，网络民粹主义的"信息茧房"逐步扩大，进而不断侵蚀主流意识形态的传播空间，导致诸多网民不能全面、客观地理解明晰主流意识形态，逐渐从思想上给国家带来众多安全隐患。有学者将其概述为"网络民粹主义通过群氓的狂欢解构了我国执政党的理性权威，冲击了我国主流意识形态的主导地位"。① 与此同时，当今时代青年学生群体是中国网络社会的主要参与者，所占比重最高，若任由网络民粹主义肆意扩大侵蚀，大力宣扬社会主义核心价值观的"无用论"，无疑会弱化青年群体对于国家主流意识形态的认同感，进而在一定程度上逐步割裂中国特色社会主义的"四个自信"与"四个全面"，极大地侵害我国的意识形态安全。

　　第二，网络民粹主义激化阶层对立，加剧社会分裂。一方面，网络民粹主义者通过各种伎俩手段吸引诸多无辨识能力的底层网民，借维护社会弱势群体之虚名，煽动这些底层网民与社会精英群体形成二元对抗形式，逐步推动整个社会群体认知的非理性化，消解社会各阶层共识，激化阶层对立，影响官民互信，导致政府公信力降低并扰乱政府的正常运行机制，不断危害国家的政权安全。丛日云曾指出："如果精英彻底边缘化，民众直接走到前台，制定公共政策，这种没有精英引导的民主往往是民主的一个怪胎。"② 另一方面，网络民粹主义通常假借"公意至上"之名，向诸多网民灌输公

---

① 袁婷婷：《意识形态安全视阈下的网络民粹主义析论》，《理论导刊》2016 年第 7 期。
② 丛日云：《中国网络民粹主义表现与出路》，《人民论坛》2014 年第 4 期。

意可以超越一切法律，可以无视一切规章制度的偏激思想，强调对平民的绝对同情与对精英的绝对仇视，秉持"精英群体是致使社会不公的直接因素"的错误观念，以暴力的方式不断激化社会矛盾，加剧社会分裂。此外，当网络民粹主义发展到一定程度时，极易通过线上联系线下，进而引发网络与现实相结合的群体性活动，通过诱导舆论走向而制造各种群体性事件与社会冲突，从而危害国家的主权安全。

第六章

互联网时代完善社会整合功能的路径选择

伴随互联网技术的迅猛发展与不断革新，其对人类社会的影响已然不仅仅表现在物理层面与技术层面，而是更深层地对社会结构和社会制度的变革产生重要影响。正如詹姆斯·柯兰等所言："互联网的影响要经过社会结构和过程的过滤。"[①] 针对互联网之于社会整合的负面效应，本章将从营造良好的网络生态环境、谨防互联网的负面分化危机、提升网络4.0时代的社会整合效力等方面探究完善互联网时代社会整合功能的路径，以供选择。第一，要降低技术门槛，加强网络空间理性体系的建构并逐步完善网络空间立法，进而营造一个良好的网络生态环境。第二，要严守社会分化的底线，有效规避网络社会过度"碎片化"风险，避免"原子化"社会的成形，进而有效防止互联网的负面分化危机。第三，针对如何有效提升网络4.0时代的社会整合效力，一是深挖网络空间的"社会共同性"，二是提升网络主体的媒介素养，三是优化人类对人工智能技术的可控性。

第一节　营造良好的网络生态环境

党的十九大报告明确提出："加强互联网内容建设，建立网络综合治理体

---

① 〔英〕詹姆斯·柯兰等：《互联网的误读》，何道宽译，中国人民大学出版社，2014，第180页。

系，营造清朗的网络空间。"① 这首先为营造良好的网络生态环境提供了顶层设计，与此同时，良好的网络生态环境是完善互联网时代社会整合功能的必要前提，亦是其基本保障。如何营造良好的网络生态环境？一是推动网络技术下沉，构筑公平的网络公共空间，使更多的社会成员获得接触网络的机会，并逐步掌握互联网的基本技能；二是引导网民理性表达，进而强化网络公共道德理性建设；三是完善网络空间法律法规，加强网络民粹的治理。

一　推动网络技术下沉，构筑公平的网络公共空间

互联网时代信息的开放性、公开性与自由性打破了原有的孤岛效应，推动了资源的整合与利益的重组，进而有效推动了权力的均等化，对传统的层级化管理模式形成了一定冲击。然而，即使伴随国内城乡差距的逐步缩小，中产阶层的不断扩大，互联网空间的"数字鸿沟"现象仍是较为凸显的。截至 2020 年 6 月，全国网民规模达 9.4 亿，互联网普及率达 67.0%②，而有关数据统计表明，截至 2014 年底，美国互联网普及率已达 87%③，我国互联网普及率与发达国家还有很大差距。与此同时，我国农村网民规模为 2.85 亿，占网民整体的 30.4%，互联网普及率为 52.3%；城镇网民规模为 6.54 亿，占网民整体的 69.6%，互联网普及率为 76.4%。这也不难推论，虽然城乡网民规模差距逐步缩小，但总体网民城乡结构差距仍然较大。综上分析，虽然互联网普及程度不断提升，但仍有约 1/3 的民众没有参与到网络空间中，这显然不利于完善互联网时代的社会整合功能。因此，为逐渐消除"数字鸿沟"带来的负面影响，理应推动网络技术下沉，打破网络壁垒，营造公平正义的网络生态空间。

第一，加强互联网基础设施建设，并逐步推动网络资源下沉。加强基层

---

① 习近平：《决胜全面建成小康社会　夺取新时代中国特色社会主义伟大胜利——在中国共产党第十九次全国代表大会上的报告》，人民出版社，2017，第 42 页。

② 中国互联网络信息中心：第 46 次《中国互联网络发展状况统计报告》，2020 年 9 月，第 18 页。

③ 《全球 28 亿网民中国占 6.4 亿，中美瓜分前十网站》，澎湃新闻，https：//news. mydrivers. com/1/445/445360. htm。

偏远地区、农村贫困地区等的网络基础设施建设，降低网络接入和使用的门槛，进一步加强光纤网络和4G网络的建设普及，提高偏远地区的网络可接入性。截至2020年6月，在我国非网民不上网的原因中，不懂网络与电脑的比重高达48.9%[①]，这主要还是缺乏使用技能和受文化程度限制等造成的。因此，要依托居委会、村委会、社区社会组织等调动社会成员学习网络技能的积极性，进而提升互联网普及率。此外，智能手机是当今时代上网的主要工具，加速国内手机制造工业的发展，降低手机价格，努力让互联网的便捷功能惠及全体社会成员，亦是提高互联网普及率与推动网络资源下沉的可行方式之一。

第二，提升网络空间行为道德准则，营造公平的网络生态空间。互联网技术的普及极大地变革了社会成员的生活方式，网络信息流通的开放、便捷与廉价惠及众多网民。与此同时，利弊相伴，网络空间中网络暴力、网络诈骗、网络色情等互联网负面影响比比皆是。所以，社会成员在体验互联网带来的巨大便利之时，有必要逐渐形成网络共识与社会共识，共同将"网络空间行为道德准则"提升至新的高度。[②] 比如，网络伦理、网络礼仪，都有助于提升网民综合素质，进而加强网络生态环境建设。在信息即时传播的时代，要保障网民的网络访问与信息知情权不受侵犯，严格规范网络多方主体行为，以信息公平促进社会公平。因此，在网络信息爆炸的环境下，寻求信息公平、强调科技伦理将是人类社会追求的永恒主题，其重要性也将伴随科技的进步而不断提升。

二　引导网民理性表达，强化网络公共道德理性建设

"信息茧房""网络民粹"等负面现象易导致网民群体极化，致使"乌合之众"的人数增多进而逐步侵蚀网络生态环境，危害国家利益与社会秩序稳定。如何减少直至消除这些网络负面现象，当务之急是引导网民理性表

[①]　中国互联网信息中心：第46次《中国互联网发展状况统计报告》，2020年9月，第21页。

[②]　胡启恒：《互联网精神》，《科学与社会》2013年第4期。

达，引导网络舆论朝理性化、真实化方向发展，确保信息的及时公开，继而加强网络伦理道德建设，培养网络公共道德理性。

（一）形塑网民的个人理性

第一，强化网民的理性思维，正视互联网技术的利弊效应，不失人的主体性地位。马尔库塞曾指出："技术进步创造出一种舒适的幸福感，削弱了人对现实的批判和反抗。由此出现单向度的思想和行为模式。"① 互联网空间复杂多元的信息环境容易使缺乏理性的网民丧失必要的批判性与否定性，这可能导致部分网民被互联网技术奴化，进而给社会带来众多隐性的不确定性因素，阻碍社会的稳定持续发展。针对这种现象，要注重培养与强化网民的理性思维，促使其充分明晰物理自我的重要性，不要被精神自我所裹挟，不断提升社会成员的现实存在感与认知感。通过家庭、学校、社区等各种途径开展宣传教育，促使众多不理性网民清醒认知并不是技术发展得愈快愈好，并不是技术可以实现一切，正视互联网的真正价值应该体现在推动农业、制造业等实体经济的科技化与现代化方面，而不是体现在互联网行业自身层面。与此同时，伴随人类历史文明的自然延续与互联网的发展，社会成员要坚持主体性原则与理性价值观的统一，从而真正享受互联网技术赋予生活的各种便利。

第二，培植网络空间的公民理性意识，正向引导网络舆论走向。相较于基数巨大的网民，网络公民更具有社会和政治含义的标识。培植网络空间的公民理性意识，一方面，从根源上净化网络空间，构建平等正义负责的网络生态环境，继而强化网络公民的参与意识、权利意识等，从根基上重塑网民行为规范。另一方面，由"信息茧房""网络民粹"引致的网络群体极化、社会黏性丧失与"乌合之众"等现象，其根源在于网络空间"无意识"群体的大量存在与网络复杂环境弱化网络公民的理性辨析能力。正如古斯塔

---

① 陈用芳：《现代性视角下的文化嬗变与人文回归》，《湖南工程学院学报》（社会科学版）2010年第1期。

夫·勒庞所言，"群体中的个体就像是一堆沙中的一粒沙子，随风飘散"[①]，"群体在智力方面总是劣于其独立个体"[②]。因此，要培植网络空间的公民理性意识，不仅要强化政府网络发言人制度，发挥各级智库专家对网络舆论的疏导作用，还要从源头铲除恶意制造负面舆论的意见领袖，大力打击并严肃处理煽动网络舆论的不法分子。

（二）强化网络公共道德理性建设

网络法律法规可以发挥其正面惩罚打击网络犯罪等行为的作用，而要使网络空间形成真正的风清气正的环境，则需要强化网络公共道德理性建设。

第一，通过互联网技术加强对网民过激行为的监督与管控。互联网的匿名化特征使得网民的胆量大增，不担责、不易追责的网络特殊性使得部分网民逐渐膨胀极端化。针对此现象，有学者提出"要实施互联网发布信息者的后台实名制。唯有如此，才能确保互联网不至沦为一些有着不良企图的人对他人进行泄私愤、打冷枪、栽赃陷害的平台，进而有效地保护个人的隐私权等正当权利"。这不仅是加强网络规范的必要途径，亦是推动网络公共道德理性建设的有力措施。[③] 如今，微博、微信等众多应用程序都加入了实名认证功能与电话绑定功能，这在很大程度上推动了网络公共道德理性建设。在此基础上，要进一步扩大网络实名认证的范围，例如游戏平台、直播平台等，进而最大限度监督并管控网络极端行为，强化网络公共道德理性建设。

第二，加强网络公共道德教育，逐步规范网络空间公民参与行为。要加强社会主义核心价值观的培育与践行，从小学生和青少年抓起，逐步培育并强化其网络道德意识。与此同时，要以社区、企事业单位为依托，多方位全覆盖加强对社会各界网民道德规范、行为规范的培育。创造风清气正的网络空间绝非一件易事，因而要坚持现实社会与网络社会的统一，促进社会个体

---

① 〔法〕古斯塔夫·勒庞：《乌合之众：大众心理研究》，赵丽慧译，中国妇女出版社，2017，第 19 页。

② 〔法〕古斯塔夫·勒庞：《乌合之众：大众心理研究》，赵丽慧译，中国妇女出版社，2017，第 20 页。

③ 吴忠民：《网络时代社会矛盾的主要特征分析》，《马克思主义与现实》2014 年第 6 期。

与社会群体共同形成良好的网络道德习惯，减少网络暴力、网络诈骗、网络色情等网络失范行为的发生。

第三，重点培育一批兼具正能量与大局观的官方发言人，发挥模范带头作用。在各种非主流信息元素充斥的互联网时代，网民极易被各种混淆是非的言论所左右，在此情况下，国家及时控制，大力整顿网络不良风气。此外，应大力培养大批有专业素养、有真本事的正能量偶像，因为兼具正能量与大局观的意见领袖能够及时明晰各类群体性事件的事态情况与逻辑关系，并冷静引导网民趋向正当合法的舆论。与此同时，这些意见领袖具有较强的公信力与人格魅力，能够用自身的网络行为规范感化民众内心，促使广大网民形成正确的网络价值观与世界观，用"良币逐渐驱逐劣币"，从而提升整个网络空间的道德素养与道德理性。

三 完善网络空间法律法规，加强网络民粹的治理

健全的法律法规制度是现实社会良好运行的根本保障，是推动现代社会发展的隐性动力，网络空间能否形成稳定和谐的秩序关键取决于网络法律法规的完备与否。因此，完善网络空间的法律法规，培养网民的法律意识、增强网民的法律认同感对于营造良好的网络生态环境具有积极效用。

第一，逐步细化网络法律法规，扩大网络空间法律约束范围。2016 年国家出台《中华人民共和国网络安全法》（以下简称《网络安全法》），并于 2017 年 6 月 1 日起施行。就国家层面而言，《网络安全法》有助于推动和平、安全、开放的网络空间的建构；就个人和网络组织层面而言，《网络安全法》有利于社会成员逐步形成法律意识，遵守网络公共秩序，强化公共道德理性建设。该法规的颁布实施对于保障国家网络安全、维护社会公共利益具有历史性作用。然而，基于网络空间的复杂化与散杂化，我国的法律法规仍然不够具体与专业。比如，网络的开放性与自由性使得诸多网民的信息被"公开"，社会成员的个人信息得不到切实保护，各平台账号注册、网络快递信息等各个途径都使得网民的私人信息被随意泄露，基本的隐私权得不到有效保护。反观发达国家，20 世纪 70 年代美国就推出了《隐私法》，

2012年欧盟也出台了保护个人信息数据的专业性法律。因此，要实现网络空间的全面法治化，国家仍需花大力气制定具有针对性的法律法规制度，进而营造风清气正的网络空间环境。

第二，加大网络空间法律法规的惩戒力度，形成完备的处罚条例。伴随《网络安全法》的实施，我国的网络空间环境得到一定优化，但仍有许多漏洞与缺陷。一方面，现有的网络空间法律责任界定边界模糊，且多数没有具体的法律条例与处罚条例，因而难以促使网民在心理上形成对法律的敬畏与认同感，同时给予网络犯罪分子可乘之机。另一方面，刑法、经济法等重要法律尚未对部分网络犯罪行为作出清晰界定，这不易于从根本上形成有法可依、有法必依的法律环境。在此背景下，国家应切实组织一批高水准的专家队伍加快互联网基本法的制定与出台，同时打造一支纪律强、素质硬的网络执法队伍，进而依法惩处网络犯罪行为，净化网络公共空间。

第二节　谨防互联网的负面分化危机

当前，随着互联网技术的日益革新与多元化发展，社会已经处于高度分化阶段且将继续分化，适当的分化能够为社会发展补给动力源，而不当的、过度的社会分化将严重阻碍社会发展甚至导致诸多社会冲突。因此，要严守网络社会分化的底线、避免"原子化"社会的成形、规避网络社会过度"碎片化"风险，谨防互联网的负面分化危机。

一　严守网络社会分化的底线

社会分化是历史发展与时代进步的必要条件与关键动力。正如学者所言，从专业角度讲，中国改革开放40多年发生的根本变化归根结底可以用一个概念来表述，即"社会分化"。[①] 同时，要注重社会分化的循序渐进性，

---

① 李路路：《中国社会四十年的变革与当前面临的挑战》，《中央社会主义学院学报》2018年第3期。

防止不利的、过度的分化对社会造成的各种侵害，防止网络收入两极分化的再扩大，谨防网络信息权力过度分化，遏制网络阶层分化的加剧趋势，固守国家认同统一的底线，保持国家对社会分化的宏观控制力，将社会分化控制在可控范围内。

第一，防止网络收入两极分化的再扩大。当前，伴随抖音、花椒、斗鱼等直播平台的社会影响力不断深入，网络主播收入成为社会成员关注的焦点话题。以网络主播的收入现状为例进行探究，2016 年被视为"直播元年"，伴随互联网技术的革新与智能手机、4G 网络的普及，截至 2020 年 3 月，全国共诞生近 3.5 亿直播用户。国内移动社交平台陌陌发布的《2019 主播职业报告》统计显示，24.1% 的职业主播月收入过万，比例仅占 1/4。① 然而，大部分主播的直播收入仍处于中低水平，如果不加以控制并任其发展，直播平台收入将向拥有更多资源的少数网红主播与人气主播倾斜，进而加剧网络收入两极分化的严重趋势。这样一来，亦有可能导致社会贫富差距的进一步加大，进而增加社会冲突的风险系数。因此，要缩小收入差距，注重付出与收益等按比例分配原则，防止网络收入两极分化的再扩大，进而推动社会整合的良性运转。

第二，谨防网络信息权力过度分化。"信息权力"即在网络空间中，通过信息与知识的整合、信息的接力与重新编码而产生的权力。与农业社会对经验的迷信和工业社会对知识的敬畏相较，网络空间注重信息的流动性，网络信息已超越了经验和知识成为民众关注的焦点，互联网公共领域已成为社会成员各抒己见的重要公共空间。互联网在破除差序格局中由横暴权力、同意权力和教化权力所构成的权力结构时，再次创造了新的数字信息"权力场"。② 伴随信息化的深入发展，信息权力的占有也同以往社会一样，出现了两极分化的现象。例如，城乡网民区域发展不均衡且变化较小，现实的二

---

① 《〈2019 主播职业报告〉发布 33.6% 的 95 后每天看直播超过 2 小时》，https：//www.chinanews.com/business/2020/01-08/9053918.shtml.

② 王斌：《网络社会差序格局的崛起与分化》，《重庆社会科学》2015 年第 8 期。

元结构照搬进了互联网空间，乡村网民的话语权明显低于城市网民。[1] 此外，网络意见领袖的话语权日益凸显，网络大 V 的粉丝数量突破千万，其话语权影响甚远，进而逐步造成网民权力的两极分化。面对诸如此类的网络权力过度分化现象，网民个体要逐步增强权力意识，国家亦要进行合理的宏观调控，逐步完善网络空间个体权利保护机制，防范信息权力的过度分化与极化。

第三，遏制网络阶层分化的加剧趋势。结合国内学术界已有的研究观点，将网络阶层分化的原因概括为三个方面：一是不同阶层社会成员的网络技术接入端口之间存在差距，二是网络技术使用技能的差异，三是网络信息资本转换技能的差距。信息技术端口尚未普及化导致拥有接入端口的优势阶层的网络信息资本原始积累逐渐增多，而基于生存环境与信息需求的限制，弱势阶层不能拥有平等的信息接入与掌握充分的信息技能，从而不断加剧阶层分化。另外，对于优势阶层而言，对信息技术资源的利用能够强化巩固自身的优势，[2] 并不断提升其数字信息素养，进而转化成信息财富，长此以往，网络社会的代际不平等、阶层不平等将逐步拉大，数字鸿沟亦不断加深。基于数字鸿沟引发的各种社会风险与社会问题，习近平总书记指出，"我们要为数字经济营造有利发展环境，加强数字基础设施建设，要解决数字经济给就业、税收以及社会弱势群体带来的挑战，弥合数字鸿沟"。[3] 此外，基于网络阶层分化的加剧形势，有学者指出，要倡导技术关怀、在宪法价值的指导下优化立法对信息技术资源的公平分配、汇聚多元社会主体的技术支持[4]；还有学者指出，要减缓网络阶层分化加剧的速度，则需要更快速

---

[1]　王斌：《网络社会差序格局的崛起与分化》，《重庆社会科学》2015 年第 8 期。

[2]　谢俊贵：《信息的富有与贫乏：当代中国信息分化问题研究》，上海三联书店，2004，第 276 页。

[3]　习近平：《勠力战疫，共创未来——在二十国集团领导人第十五次峰会第一阶段会议上的讲话》，《人民日报》2020 年 11 月 22 日，第 1 版。

[4]　刘诗琪：《信息技术能力的阶层分化与弱势保护》，《华东政法大学学报》2019 年第 3 期。

地提升数字时代受众媒介素养，缩小其与媒介技术发展的差距①。综上而言，要加强网络基础设施建设，逐步提升网民个体的媒介素养，进而缩小网络阶层间的差距，以网络社会的良性整合促进整个社会秩序的稳定。

第四，固守国家认同统一的底线，重视发挥互联网时代社会表象的整合作用。所谓认同问题，即社会个体将自身归属于哪个群体。伴随网络社会的到来，工业社会形成的生产方式与生活方式已然发生重大变革。"也正是在这个意义上，信息技术革命推动的网络化条件下的社会生活个体化趋势，也是当代人类社会发展变化的总体性趋势。"② 社会生活的个体化促使社会成员的意识形态与社会价值观逐渐表征为多元化，但不能破坏统一的国家认同。因而，其一，要坚持以社会主义核心价值观为主导，充分明晰文化认同是国家认同的基础，是增强民族凝聚力的动力和源泉，进而逐步增强全体社会成员的文化自信与民族自信。其二，要注重将利己主义与利他主义有机统一，重视互联网时代社会表象的整合作用，借助互联网的便捷传播途径和灵活形式，逐步在感性的社会表象的引领下整合散落于各个社会层面的社会成员，凝聚广大社会成员的认同力量，"从价值理想和道德原则等更深刻的层面上弥合在新形势下发生的价值分裂"。③

第五，保持国家对社会分化的宏观控制力。党的十八届三中全会提出，"使市场在资源配置中起决定性作用和更好发挥政府作用"。④ 从 "基础性"到 "决定性"，是对市场作用的一个全新定位，亦是对市场配置资源效率的肯定和对市场经济一般规律的遵循。我国实行的是社会主义市场经济体制，强调注重市场，而不是抛弃政府，应将二者有机统一并形成合力，充分显现中国特色社会主义市场经济的优势。通过控制网络市场失灵现象，严防网络权力垄断和网络收入两极分化等，将互联网的负面分化影响降至最低。充分

---

① 严励、邱理：《从网络传播的阶层分化到自媒体时代的文化壁垒——数字鸿沟发展形态的演变与影响》，《新闻爱好者》2014 年第 6 期。

② 刘少杰：《网络化时代的社会分化与社会表象》，《当代世界》2013 年第 2 期。

③ 刘少杰：《网络化时代的社会分化与社会表象》，《当代世界》2013 年第 2 期。

④ 人民日报社经济社会部：《深入学习贯彻中央经济工作会议精神》，人民出版社，2017，第20 页。

发挥政府的宏观调控作用，维护社会整体利益的最大化，实现正和博弈，继而促进社会整合的良性运转。

二　避免"原子化"社会的成形

"社会原子化"主要指"由于人类社会最重要的社会联结机制中坚组织的解体或失却而产生的个体孤独、无序互动的状态和社会总体性危机"。[①] 亦有学者认为，"社会原子化就是社会个体的高度分散化、离心化、去组织化"。[②] 改革开放后，"单位制"逐渐消解，中国社会出现了"原子化"的发展倾向。进入互联网时代以来，随着政治、经济、社会等各方面的变革，社会流动再次加速，中国社会由"熟人社会"向"陌生人社会"发展，现实社会人际关系逐渐弱化，如果不加以控制并任由其演化发展，将极其不利于社会团结，更甚者会割裂凝聚社会的纽带，对社会稳定发展造成极大伤害。因而，要积极发挥互联网的正向功能，加强网络团结，促进社会个体黏合，提升网络空间的社会凝聚力，避免网络"原子化"社会的成形，进而推动整个社会秩序愈加稳定。

（一）互联网加剧社会"原子化"的可能性

互联网时代，社会成员的联结由现实空间逐渐转向网络空间，网络社交的匿名性与广泛性为社会成员的交际提供十足便利的同时，亦加快了社会成员负面情绪的爆发速度与虚假信息的传播速度，十分不利于社会信任体系的构建，反而促使"原子化"个体特征愈加凸显。

第一，与传统面对面社交相比较，网络社交依托微信、QQ、微博、贴吧等各种互联网平台，在打破交往时空限制的同时，亦增加了不确定与不特定对象交往的可能性，无形中使社会的不确定性增强。此外，网络社交促使社会交往意愿弱和能力弱的人选择躲避与拒绝社交，其发展空间不断缩小，基本权利得不到根本保障，而社交能力强的社会成员其交往空间扩大，进而

[①] 田毅鹏、吕方：《社会原子化：理论谱系及其问题表达》，《天津社会科学》2010年第5期。
[②] 张书林：《部分党员原子化倾向：肇因、危害与治理》，《探索》2012年第2期。

产生"富者愈富、穷者愈穷"的"马太效应",拉大社会交往鸿沟,促使弱社交能力的社会个体选择"原子化"生活。同时,部分社会个体为自身打造了一个封闭的世界,长期下去,必然会造成社会资本的缺失。涂尔干曾指出,"原子化是随着社会分工以及个人主义兴起而产生的社会危机,它直接导致社会整合危机和道德困境,助长了强势对弱势的专制"。① 长此以往,可能逐步扩大"原子化"个体的基数,影响整个社会的整合。

第二,网络社交提升社会成员的现实空虚感,伴随网络社交的深入发展,社会成员寄希望于其能够弥补现实交往的缺陷与不足,但随着网络空间不确定性因素增多,诸多社会成员对于网络社交的不信任感逐渐增强,对社会的认同度降低,负面情绪充斥进而引发人际关系疏离。各种异质性观点充斥于民众生活之中,排他性情绪日益增多,进而感到愈加空虚。与此同时,网络社交不完全受法律与道德的约束,使网络交往中的人际关系愈加脆弱,无形中助力个人主义的发展,进而促使社会"原子化"现象逐步凸显。

（二）避免"原子化"社会成形的可行性对策

第一,增强道德在网络集体生活中的规范性,发挥社会组织的纽带作用,提升社会凝聚力。涂尔干曾指出,"教育就是一种使年轻一代系统地社会化的过程"。② 同时,整个社会道德素养的提升仅依靠个体是不可能实现的,其真正的实现必须通过社会群体与集体生活来完成。正如学者所言,"一个失去健全集体生活的社会不可能拥有完整的道德规范体系"。③ 注重对初级社会群体的建设是提升整个社会道德素养的重要前提,因而,依托互联网平台,发挥网络大 V 的正能量引导作用,发挥各阶层网络组织联结国家与个人的纽带作用,为社会成员提供各种需求和服务,拓宽利益诉求表达渠道,建立网络激励和关怀帮扶机制,尽可能关注到每一个社会个体的切身利

---

① 黄正元:《社会原子化及其消解——兼析社会腐败窝案根源》,《河南大学学报》（社会科学版）2014年第1期。
② 瞿葆奎主编《教育学文集:教育与社会发展》,人民教育出版社,1989,第19页。
③ 田毅鹏:《转型期中国社会原子化动向及其对社会工作的挑战》,《社会科学》2009年第7期。

益，减少政府与由散落个体组成的风险利益共同体的摩擦，从而逐步消除信息鸿沟、代际鸿沟等助推"原子化"社会形成的负面因素。

第二，利用网络交往的"缺场"特性强化人际关系。伴随互联网的飞速发展，身体"缺场"生存成为当今社会成员生存的基本状态之一，对"缺场"的过度痴迷与对网络的过分依赖，容易消解网民的现实存在感并增加焦虑情绪。相反，若保持适度的"缺场"，同时注重利用互联网信息传递的便捷与不受时空限制的优势，并依托地域、趣缘、学缘等作为纽带，重视线上与线下的结合，加强对网络社交的修复，积极构建各种有利于社会团结的网络共同体，实现社会公共性构造的转换，增加群体性的社会行动并为社会成员提供更多的精神归属场域，将有助于强化人际关系，提升社会成员的存在感与归属感，从而达到黏合效应。由此，"现实交往与虚拟交往的所占比重增长、网络交互范围逐步扩大的同时，还能够有效补充完善既有的社会关系形态"，[1] 进而逐步消除"原子化"社会成形的可能性。

三　规避网络社会过度"碎片化"风险

伴随新业态的发展，大数据、云计算技术愈加成熟，各网络软件的信息推送功能也愈加准确，正如学者李强所指出的，社会利益结构朝多元化方向发展，推动了社会多重利益相互交织，而没有形成裂痕型或断裂型的分化，这表明阶层利益适度的碎片化有益于减轻社会震动，维护社会稳定。[2] 然而，这在为公众带来便利的同时，也逐渐加剧了网民群体对各种碎片化信息的依赖程度。网络碎片化知识多以"快餐式"为特征，看到的多是选择性真相，没有真正的营养价值，不利于公众形成理性思维，更不利于建构网络理性讨论，反而促使网络逐渐成为化解一切政治权威的工具，对人类社会的发展形成极大的挑战。

第一，定制化、同质化信息易扭曲民众的世界观并形成惰性思维。

---

①　王迪、王汉生：《移动互联网的崛起与社会变迁》，《中国社会科学》2016 年第 7 期。

②　李强：《从"整体型社会聚合体"到"碎片化"的利益群体——改革开放 30 年与我国社会群体特征的变化》，《新视野》2008 年第 5 期。

《2020中国移动互联网春季大报告》显示，截至2020年3月，抖音月活跃用户数达到5.18亿，月人均使用时长为1709分钟；快手月活跃用户数达到4.43亿，月人均使用时长为12.5分钟。① 众所周知，分工必然带来利益分化，利益分化必然带来观念的分化，利益决定价值取向。伴随新型流量平台的迅速发展，我们更要清醒地认识到，信息过度碎片化的传播，将极大地歪曲民众的思想，给国家与社会带来去权威化、浅层次化的危机。互联网时代，受众浏览的信息通常是经过加工后的内容，由此而来的碎片化信息容易造成断章取义的现象。与此同时，过度的碎片化阅读易降低人际交往能力，弱化社会成员道德意识，冲击个体独立思考能力，易使社会成员成为网络的附庸品。此外，巨量信息也易造成社会的极端化，误导公众，导致政府的社会公信度降低。

第二，碎片化知识教育降低社会成员学习深度与辨析能力。碎片化知识教育缺乏系统的知识体系，缺乏专业的考核评价体系，是没有目标与计划的盲目学习。互联网时代碎片化知识学习是对海量网络信息的"分解"与"重组"，网民群体不但要在现有的巨量信息源中深挖有价值的内容，还要对已经删除的知识进行二次挖掘，② 由此，挖掘、辨识、筛选的难度都无形增加，进而不易于形成清晰的逻辑思维，不利于构建完备的知识结构。另外，伴随信息的巨量增加与迅速更新，网络信息的复制、模仿、抄袭现象屡见不鲜，点赞式、扫描化形式主义的"浅阅读"成为诸多公众生活的一部分。长此以往，网民不再愿意耗费时间深度阅读高质量的文章，从而逐步丧失自我辨析能力。

第三，碎片化阅读严重削弱整个民族的创造力。伴随新媒体时代的到来，快餐文化渗透于公众的日常生活之中，碎片化阅读成为社会成员生活的必需品，其在为公众带来便利的同时，也对人的发展与社会的进步造成诸多

---

① QuestMobile：《2020中国移动互联网春季大报告》，https：//www.questmobile.com.cn/research/report-new/90。

② 王承博、李小平、赵丰年、张琳：《大数据时代碎片化学习研究》，《电化教育研究》2015年第10期。

危害。碎片化信息通常仅是一些事实的堆砌而非逻辑整合，其传递的仅是表面信息。有学者曾指出，碎片化阅读并不能算是一种阅读，究其本质它仅是一种浏览、一种知晓，抑制学习者的思维活性，十分不利于学术研究。因而，若任由其发展，事物深层次的内涵将逐渐被民众忽视，进而使诸多网民形成惰性思维，降低整个民族的创造力。

第三节　提升网络4.0时代的社会整合效力

从结构功能主义视角来看，网络4.0时代社会已经高度分化且将继续分化，高分化与高整合的均衡发展成为现代化进程中各个国家竞相追逐的理想社会结构体系。在谨防互联网分化的负面危机之时，如何有效提升网络空间的社会整合效力亦显得尤为重要，本部分从深挖网络空间的"社会共同性"、提升网络主体的媒介素养、优化人类对人工智能技术的可控性等方面探究出路，以供选择。

一　深挖网络空间的"社会共同性"

改革开放后，伴随经济飞速发展，社会分化亦逐步扩大，计划经济时代社会整合的作用大幅削弱。当前，随着网络4.0时代的到来，社会成员之间的共同目标与共同利益将进一步分化，在多元性、异质性倍增的互联网时代，传统共同体纽带逐渐断裂，人际关系不断弱化，社会焦虑现象增多。因而，亟须深挖网络空间的"社会共同性"，进而推动社会的有序运行。

共同体是联结社会成员之间的重要纽带，亦是社会变迁与社会秩序稳定的根基。互联网时代的到来，将原有的单一的现实空间分化为现实空间和虚拟空间，伴随互联网多年的发展与变革，现实空间逐步与网络空间有机统一，二者不可割裂。习近平总书记指出："网络空间是虚拟的，但运用网络空间的主体是现实的。"[①] 相较于现实空间，网络空间易形成的共同性主要

[①] 《习近平谈治国理政》（第二卷），外文出版社，2017，第534页。

表现在精神层面，网络空间具有容纳大规模群体互动的条件，同时基于群体规模的数字化、信息传递的即时互动性等特点，其能够增强群体成员的同在感与共同感，进而加强社会个体间的联系。网络共同体包括以数字和话语为特征的狂欢共同体、以地域为凝聚的虚拟社区共同体、以观点认同为纽带的意见共同体和以趣缘为依托构建的休闲共同体等。① 伴随移动网络信息传播的愈加便捷和人际沟通范围的逐步扩大，这些共同体的出现有效化解了部分网民的原子化生存问题，增强了网络群体的归属需求，同时有助于诸多社会成员宣泄社会焦虑情绪，减轻自身现实社会压力。

首先，共同利益是一切社会共同体的基础，寻求互联网时代的共同利益是维护社会稳定发展的必要前提条件。人的社会关系是共同利益存在的客观基础，社会分工是共同利益凸显和丰富的基本前提。② 马克思、恩格斯曾指出，各种阶级斗争首先是为了经济利益而进行的，政治权力不过是用来实现经济利益的手段。③ 同时，社会共同利益的基础与核心亦是经济利益与物质利益，在马克思恩格斯所描绘的共产主义的社会共同体中，共同利益依然是核心内容，极大丰富的物质财富仍然是人的自由全面发展的坚实基础。中国自古以来就是一个地域辽阔、人口众多、文化丰富的巨型社会，当前互联网时代，社会的异质性愈加增强，社会以多元化态势无限延展，因此，以共同利益为基础深挖社会的共同性对于维护社会秩序稳定十分必要。其一，《中国数字经济发展白皮书（2020 年）》指出，"2019 年，我国数字经济增加值规模达到 35.8 万亿元，占 GDP 比重达到 36.2%"，④ 网络数字经济规模的逐步扩大表明互联网生产力水平的不断提高，当然这一切源自每一个独立的网络个体与整个网络群体，网络经济的大幅增长惠及每一个独立的网络个

---

① 张荣：《从网络狂欢看互联网时代的个人、共同体与社会》，《福建论坛》（人文社会科学版）2015 年第 12 期。

② 陈翠芳、刘一恒：《马克思恩格斯的共同利益思想及其当代启示》，《中南民族大学学报》（人文社会科学版）2018 年第 6 期。

③ 中共中央马克思恩格斯列宁斯大林著作编译局编译《马克思恩格斯选集》（第一卷），人民出版社，2012，第 84 页。

④ 中国信息通信研究院：《中国数字经济发展白皮书（2020 年）》，2020 年 7 月，第 3 页。

体与整个网络群体。与此同时，网络经济的总量是网络空间中民众的共同利益，其对维护社会的和平稳定发展起到积极效用。其二，互联网平台的日益健全与完善，促使网民顺畅自由地发表意见、合法便捷地参与国家政治生活，进而使近 10 亿网民在网络空间中体验到更好的存在感与认同感，并达成更多的普遍共识。总之，利益矛盾是客观普遍存在的，正视利益矛盾，客观公平地处理共同利益与个体利益的关系，有助于促进社会共同体的积极建构，进而推动现实社会与网络社会的和平稳定发展。

其次，社会公共危机倒逼网络技术变革，并提升社会责任感，凝聚共同目标。互联网时代，社会公共危机具有突发性强、传播快、信息量冗杂等特点，但任何一次公共危机的爆发，都可视其为倒逼改革的动力。以 2020 年抗击新冠疫情为例，其一，疫情的暴发倒逼大数据、云计算、区块链等网络技术的变革，为实时掌握社会成员的流动走向，大数据技术不断革新，对有效控制疫情传播起到了关键作用；其二，疫情的暴发一方面促使社会冲突的可能性增大，另一方面倒逼社会成员依托互联网平台进行生活与生产，推动网络产业的发展与网络技术的革新。此外，郑永年在 2020 年中国网络媒体论坛中指出："网络平台要有自己的社会责任。网络平台如果唯利是图，只追求流量，而忘记了自己的社会责任，那么不仅平台本身走不了多远，而且更会导致政治和社会力量的反弹。"[1] 面对百年未有之大变局，网络主体与网络媒体要主动担起时代赋予的责任与历史使命，积极深挖网络空间的"社会共同性"，努力创造能够团结社会大众的网络智能软件与完善网络空间建设，推动社会系统良性运转。

最后，积极推动网络空间命运共同体建设，极大拓展人类的共同空间。习近平指出："网络空间是亿万民众共同的精神家园。"[2] 就某种意义而言，网络共同体是命运共同体的普遍概念与特殊的信息化时代的统一，是命运共

---

[1] 郑永年：《在网络时代塑造中国软实力》，新华网，http：//www.sh.xinhuanet.com/2020-09/27/c_ 139401275.htm。

[2] 《习近平谈治国理政》（第二卷），外文出版社，2017，第 336 页。

同体的最新形态。① 当前，人类已经进入互联网时代，网络空间的生成，既是社会发展与技术变革的必然产物，亦是人类对生存与生产空间的一大拓展。伴随国家治理与全球治理的交融，网络命运共同体能够推动网络空间的开放、合作与交流，不断提升网络空间的公平性，同时增强网络空间的创造性与发展动力，不断打破个别国家核心技术的垄断与标准的垄断，推动网络公共空间的透明化与均衡化。习近平总书记指出："各国应顺应时代潮流，共同推进网络空间全球治理，努力推动构建网络空间命运共同体。"② 基于网络空间命运共同体的重要历史意义，在网络空间中，"人的存在方式的拓展，不仅要强调人的存在的个性化，而且更应强调人的存在的整体化"。③因此，要积极加快网络基础设施建设，逐步缩小数字鸿沟，进一步打破信息孤岛，让网络数字红利惠及各阶层民众，夯实网络空间命运共同体的根基；要推动多层次交融的互联网公共平台建设，增强各阶层民众之间的联系，丰富网络内容，兴盛网络文化，创造网络空间的"社会共同性"；要加强网络公共安全建设，提升社会大众的网络安全意识，防范网络威胁范围的逐步扩大，尊重网络主权，维护网络和平。此外，要通过核心价值观建设推动网络社会的治理与秩序维护，正如习近平总书记所言："培育和弘扬核心价值观，有效整合社会意识，是社会系统得以正常运转、社会秩序得以有效维护的重要途径，也是国家治理体系和治理能力的重要方面。"④

二　提升网络主体的媒介素养

伴随网络信息时代的全面到来，网络办公、网络社交、网络购物逐渐常态化，成为公众日常生活必不可少的一部分。但与此同时，大量的网络漏

---

① 王钰鑫：《习近平网络空间命运共同体思想的生成、内涵与构建路径》，《广西社会科学》2018 年第 6 期。

② 习近平：《致第六届世界互联网大会的贺信》，《人民日报》2019 年 10 月 21 日，第 1 版。

③ 卢成观：《网络空间命运共同体视域下人的存在方式的拓展》，《西南石油大学学报》（社会科学版）2020 年第 6 期。

④ 习近平：《把培育和弘扬社会主义核心价值观作为凝魂聚气强基固本的基础工程》，《人民日报》2014 年 2 月 26 日，第 1 版。

洞、网络病毒与不良的网络信息也充斥于社会成员的生活之中，提升网络社会成员的媒介素养已成为时代发展的必然要求。1974 年美国信息产业协会主席保罗·泽考斯提出"媒介素养"概念，其解释为"人们在解答问题时利用信息的技术和技能"。① 信息技能是信息素养的基础，而随着互联网技术对于国家社会发展的重要性愈加凸显，各国政府都极为重视对信息技能与信息素养的培养。良好的媒介素养能够提升网民群体的理性意识与辨析能力，逐步由网络个体上升到整个网络群体，从而提升整个互联网空间的运行质量与效率，推动社会生产力的大幅变革。当今时代，随着抖音、快手等网络直播平台的飞速发展，每一个网络个体亦是一个独立的网络主体。因而，从个人层面与国家层面提升网络主体的媒介素养对于社会整合的良性运转十分重要。

第一，扩充网民群体的多维度知识储备，积极顺应社会变革。习近平总书记指出："建设网络强国，要把人才资源汇聚起来，建设一支政治强、业务精、作风好的强大队伍。'千军易得，一将难求'，要培养造就世界水平的科学家、网络科技领军人才、卓越工程师、高水平创新团队。"② 互联网促使全球化贸易合作得以实现，然而各地区的政治、经济和文化等因素均存在相对差异性，这迫使在互联网时代的劳动人才不仅要具备全球化的视野，也需要具有多维度多元化的知识储备。同时，为确保分工后的生产效率，社会分工的不断精细化也使市场对于具有多维度知识储备的人才求贤若渴。互联网时代劳动人才在驾驭专业知识外，还应掌握简单的网络知识、外语知识、法律知识和计算机软硬件操作等基础常识，提升个人的综合素质，扩充自身知识储备从而使自身成为适应多种商业模式的跨专业跨领域的复合型人才，成为互联网时代人才市场的生力军。在互联网技术高速发展的新时代，互联网自始至终贯穿于人民的生活和生产活动之中。伴随产业结构的更新换代，面对互联网时代节奏快、更新周期短、竞争激烈等特点，个体必须积极

---

① 曹腾觉：《对网络道德主体信息素养的多维透视》，《江西社会科学》2006 年第 4 期。
② 《习近平谈治国理政》（第一卷），外文出版社，2018，第 199 页。

主动适应时代变化，在提升专业技能和更新知识储备的前提下，提高个人的沟通能力，强化自身执行能力、思维逻辑能力，培养吃苦耐劳、开拓创新的精神等，注重发展自身综合能力，从容稳健地适应技术变革下劳动力需求结构的转变，逐步成长为党和国家的有用之材。

第二，提高网民群体的理性辨析能力与综合媒介素养。互联网开辟了信息交流与共享的新时代，社会大众能够在网络空间中分享自己的想法与生活，发布各种言论与信息，人的自由性在虚拟空间中得到充分体现。与此同时，网络中种种负面信息也对现行的法律制度和道德理性产生了严峻挑战。基于此，我们有必要也有责任逐步提升网民群体的综合媒介素养，媒介素养教育的最终目标不仅是对媒介自身有更好的认识和理解，而且是形成自主性的批判能力。有学者指出，培养公民媒介素养要从以下几个方面入手，"树立一种媒介再现建构现实观念，培养一种主体独立批判意识，形成一种创造创新能力，强化一种社会责任感"。[①] 与此同时，有学者认为，媒介素养是流动的实践，新媒体逐步从信息传递的渠道演变为人际传播的重要变量，微博学习博主能够为社会个体提供较为丰富的学习资源，改变其原有的社会交往方式，也对媒介素养产生了积极效用。[②] 此外，有学者强调，如今培养网民的媒介素养要注重媒介素养、信息素养和数字素养的有机统一，进而推动社会的进步与和谐社会的建设。[③] 后信息时代，随着数字化发展，数字公民将成为未来社会成员的主要身份标识，加之大数据、云计算、区块链等新型网络技术的加持，社会成员的生活方式将发生巨大变革。伴随社会生产力的进步，各种新型网络病毒亦将强烈冲击现有的社会秩序，因而更要从社会成员自身出发，提高民众的理性辨析能力，提升网民的媒介素养。

第三，政府应发挥其宏观调控能力，引领社区与社会组织加强网络基础设施建设。一方面，基于国家层面，政府应发挥其网络主体核心的领导作

---

① 余惠琼、谭明刚：《论青少年网络媒介素养教育》，《中国青年研究》2008 年第 7 期。

② 黄菊：《微博学习博主对青少年网络媒介素养的影响》，《声屏世界》2020 年第 16 期。

③ 张雪黎、肖亿甫：《信息化发展对大学生网络媒介素养的影响》，《中国青年社会科学》2020 年第 1 期。

用，加强网络基础薄弱地区的网络基础设施建设，逐步实现偏远地区、贫困地区、弱势地区的网络覆盖，以"智慧城市"带动"智慧乡村"建设，尽早实现社会网络的公平化、平等化。另一方面，着力打造一支由官方精英、社区精英、网络组织精英构成的网络培训队伍，进而发挥其精英带动作用，通过各个途径加强对弱势群体、老年群体的媒介素养培训，提升其对网络媒介的学习与认知能力。同时，注重网络公民在媒介素养建构中的积极效用，政府应努力建构社会个体参与、专业教师和智库专家支持的合作系统，使广大网民由"知识的供给者"转向"知识的推动者"，继而全面提升整个社会的媒介素养，促进和谐社会的构建与社会整合的良性运转。

三　优化人类对人工智能技术的可控性

人工智能技术发展至今已有 60 余年的历史，就概念而言，人工智能是"用人工的方法实现人的智能，让机器代替人类去记忆、判断、推理和决策"，[①] 具有语言识别、眼球识别、气味识别以及各种识别功能的机器等。当前，人工智能技术呈现飞速发展势头，在诸多领域不断替代人类体力劳动和脑力劳动。然而，伴随新一代人工智能技术与大数据、云计算等技术的结合，其逐步实现了自主学习和自主编程的功能，这很可能导致人类的大量失业，而长期的惯性依赖人工智能很可能导致人类思维意识的退化与对机器控制权的丧失。因而，充分把握其规律并优化人类对人工智能技术的可控性显得尤为重要。

（一）人类不会被人工智能所取代

从历史发展的进程来看，每一次技术进步与变革都会使一部分人类劳动力被解放，同时也造成部分社会成员的失业与一些产业的被迫转型。当前，人工智能技术虽有了较大发展，但仍处于初期阶段，倘若正视并合理利用人工智能技术之于社会的创造与变革，很可能将其变成一把"万能钥匙"，非

---

① 黄欣荣：《新一代人工智能研究的回顾与展望》，《新疆师范大学学报》（哲学社会科学版）2019 年第 4 期。

但不会取代人类，反而能够充分释放过去所有人类技术潜能并极大地推动社会的稳定发展。

首先，从生理需求来看，当人体所必需的物质和能力无法得到满足时，人体将面临死亡。同理，机器的存在也需要一定的物质、能量与信息，如电力与石油能源等，而当前机器的存在仍完全由人类所控制，其不具有完全自给自足的能力。因而，基于生理需求层面不必担心人类被人工智能所取代。从心理情感层面来看，人工智能不会取代人类，因为人类幸福的最主要源泉是内心情感。非重复性的以及需要人类情感、意志投入的职业在未来不会被人工智能取代，如医生、护士，因为情感即信任，很多事情是机器力所不能及的，比如倾诉。当下机器对自然语言的掌控远不到位，它甚至无法解读人类的情感。与此同时，虽然一些人工智能技术已经具备超越人类智力的能力，但其仍是人类器官的投影与延伸，其与人类并没有根本的矛盾与冲突。[①]

其次，强化人工智能机器与人类的合作关系而非竞争关系。"一个现代的人工智能系统不再应该被简单地视为与人类孤立的技术产物，而更应该被视为一个人类智慧与机器智慧所共建的广义的网络系统。"[②] 当阿尔法狗战胜当时世界围棋排名第一的柯洁时，诸多民众担心人工智能将取代人类，但他们没有意识到，人工智能将培养训练出更好的棋手，推动人类智慧的不断进步。正如尼古拉斯·卡尔所言，"实现完全自动化的社会是非常危险的，如果乌托邦就处在弯道上，为什么还要向前迈一步呢？"[③] 因而，我们不应将计算机视为社会成员的替代品，而是要将其视为朋友，进而实现人工智能技术和人类的能力互补。例如在医疗领域，将人工智能技术与专家的经验技术相结合，从而有效提升诊断准确率和救治成功率。与此同时，人工智能在

---

① 黄欣荣：《人工智能与人类未来》，《新疆师范大学学报》（哲学社会科学版）2018 年第 4 期。

② 毕丞：《人类为什么不会被人工智能取代？——人工智能的技术本质研究》，《北京科技大学学报》（社会科学版）2019 年第 2 期。

③ 〔美〕尼古拉斯·卡尔：《数字乌托邦：一部数字时代的尖锐反思史》，姜忠伟译，中信出版社，2018，第 364 页。

取代一部分职业的同时，也将创造新的岗位，伴随无人驾驶技术的进步，司机可能逐步被取代，但安全监测等其他相关岗位应运而生。总之，人机之间的协同共进是提升社会系统整合功能的重要方法，亦是推动社会稳定发展的重要生产力。

最后，技术的进步推动人类解放，人工智能能够极大地解放人类的生产力，促进人的自由全面发展。工具的发明解放了人类的肢体，机器的发明解放了人类的体力劳动，而人工智能技术将逐步解放人类的脑力劳动，由此，不被劳动束缚的社会成员可以自由支配时间与自在享受生活。学者黄欣荣从三方面论证人机和谐将是人类社会的常态，其一，机器由客体变为主体，更加凸显人的主体地位；其二，从人类适应机器到机器适应人类，人机关系愈加融洽；其三，人机边界逐渐模糊，人机共存成为常态。[①] 此外，人类不必担心失去劳动的机会是否会丧失生活的意义，当充分释放人类的脑力劳动与体力劳动时，社会成员的想象力将得到极大提升，劳动只是人类获得美好生活的手段而非目的，人类在旅游、阅读、艺术、娱乐等领域将找到更多存在的价值和意义。

（二）优化人工智能可控性的路径选择

伴随互联网技术的发展及其在社会各领域的深入应用，社会成员的生活方式发生了巨大变化。美国学者库兹韦尔提出"奇点"理论，认为伴随人工智能的日渐革新与进化，终有一天智能机器会产生自我意识并超过人类的智能，其指出 2045 年就是临界点。[②] 而控制论创始人维纳也提出"人有人的用处，技术永远是服务人的工具"。同时，亦有学者基于影响网络的重要模型（DeGroot 模型）研究得出基本结论，网络的最终结果或群体共识是可控的。[③] 本书认为人之所以为万物之灵，核心在于其自我意识。当前，无论

---

① 黄欣荣：《人工智能与人类未来》，《新疆师范大学学报》（哲学社会科学版）2018 年第 4 期。

② 〔美〕雷·库兹韦尔：《奇点临近》，李庆诚、董振华、田源译，机械工业出版社，2011，第10 页。

③ 刘志宏、曾勇、吴宏亮、马建峰：《复杂网络的影响可控性》，《计算机研究与发展》2014 年第 12 期。

是科学、技术还是哲学都无法解释人类大脑中自主生成的自我意识,因而,要想让人工智能具有自我意识,可谓煎水作冰,但我们应防患于未然,重视优化对人工智能技术的可控性,政府和社会个体要适应技术的飞速发展,不断革新社会整合功能,进而维护社会秩序稳定。

第一,强化网络智能领域的技术安全与信息安全。习近平总书记强调,网络安全和信息化是一体两翼、驱动之双轮,没有网络安全就没有国家安全。① 一方面,网络安全不同于传统安全,其核心是技术安全,自主可控是实现网络安全的必要条件。数字化时代具有前所未有的新特征,但也蕴含新的安全脆弱性。未来的世界将是软件定义的世界,一切皆可编程,万物均要互联,而新技术用得越多,则漏洞越多。例如,5G的大连接等特性易导致网络攻击入口和对象增多,区块链智能合约或交易所平台漏洞一旦被利用,基于以太坊等大型区块链的加密货币则会面临被盗风险。在现实社会中,基于操控层面,以自动驾驶汽车为例,一辆自动驾驶汽车本身的安全性没有问题,但其存在被黑客劫持并操控的可能性,一旦被操控,极有可能造成车毁人亡。另一方面,信息的可控性反映了互联网时代政府对社会的治理能力,亦是国家安全防控的关键。因此,要在社会上树立正确的网络安全价值观,不断完善网络技术自主可控的制度保障,逐步落实网络安全责任制,加强对核心芯片安全可控性的设计与制造,正如有学者认为,增强AI的场景感知能力、在系统架构中部署可控节点、通过可控节点健全监管评估体系有可能提高人工智能的可控性。② 此外,以率先实现政府内部信息系统安全为基础,不断加强各种信息安全监测机制与应急指挥平台,进而提升网络智能领域的安全可控性。

第二,加强人工智能的伦理安全建设。人工智能技术的自主性是产生人工智能悲观主义的重要原因之一,然而,即使其自主性得到极大提高,也并不能说明其将完全不受人类控制。学者倪光南基于欧盟发布的人工智能七条

---

① 习近平:《在中央网络安全和信息化领导小组第一次会议上讲话》,《人民日报》2014年2月28日,第1版。

② 张明柱、薛沛祥、于淼、陈庆磊:《人工智能可控性探究》,《红外》2020年第7期。

伦理准则、微软的人工智能六大原则与美国 IEEE 的三项人工智能伦理标准等，提出促进人工智能伦理安全的八个方面，即可控性、公平性、安全性、隐私保障、包容性、透明度、增加社会福祉、问责制等。[①] 微软曾提出人工智能发展的一项原则，即每一项 AI 产品都要经过 AI 伦理道德审查，例如 AI 必须是透明的、不伤害人尊严的、保护个人隐私的等。AI 的发展可以有效提高生产力的上限，但在充分利用 AI 技术时，要注重对 AI 的伦理安全建设，不违背设计初心，从而更有利于社会的发展。与此同时，大数据时代与小数据时代相比，其对数据的储存记录取代传统的物理足迹记录，智能设备将人类的一切思想和行为都以数据的形式储存下来，我们日常的删除并不能完全消除，数据已经通过网络传输至云端。因而，要严防数据侵权、数据泄密等现象的发生，杜绝唯数据主义与数据独裁现象，加强数据立法，坚守伦理底线，从而更好地将技术服务于人类，进而推动社会的和谐发展。

第三，从国家顶层战略层面对互联网发展进行全局性规划，统筹加强内部治理与外部防御建设。党的十九大报告指出："加快建设制造强国，加快发展先进制造业，推动互联网、大数据、人工智能和实体经济深度融合。"[②] 这为我国产业迈向全球价值链中高端提供了战略保障。政府应着力构建强有力的工业互联网支撑体系，建构互联网生态系统，以发展自主可控的互联网平台为重心，推动互联网龙头企业与科研机构加强合作，充分发挥中国广泛的应用场景的巨大优势，形成新的产业链，逐步培育世界级先进制造业集群。同时，制定一些有利于智能发展的优惠政策，推动中小型人工智能应用工业的发展，逐步实现对人工智能的可知与可控。

第四，重视人类情感与意志的不可替代作用，不断提高人类的创造力与智慧水平，推动人机和谐社会的构建。目前人工智能机器有了很大的提高，在数据计算和存储记忆方面都远远超过人类的智慧，同时为社会大众提供了诸多新的智能产品。但是，机器毕竟是机器，其不具备自我意识，科学可能

---

① 倪光南：《自主可控携人工智能打造网络强国》，《信息安全与通信保密》2019 年第 10 期。

② 习近平：《决胜全面建成小康社会 夺取新时代中国特色社会主义伟大胜利——在中国共产党第十九次全国代表大会上的报告》，人民出版社，2017，第 36 页。

在计算认知方面所向披靡，但是在情感方面则无能为力。因此，我们要重视发挥自身感情与意志的不可替代效用，不断提高自身的创造力与智慧水平，立足底线思维、系统思维、对抗思维，着力提升社会成员的主观能动性，正如腾讯总裁马化腾所言："我们不能用过去的方式来解决未来的问题。用未来的方式解决未来的问题，才是正确的打开方式。"①

　　总而言之，要不断优化人类对人工智能技术的可控性，避免人工智能危害人类个体或整体的利益，充分发挥人工智能的最大优势，推动社会的稳定发展与社会整合的良性运转。无论互联网的存在带来的是正面效应还是负面影响，它都促使每个社会成员历史上第一次参与到这个时代，每一次网络购物、每一次引擎搜索、每一次网络发声，都可能促成社会的某种变革，我们不知道未来的互联网会发展成何种样式，但它必将会像过去那些伟大变革一样，继续改变人类社会。

---

　　① 马化腾：《人工智能要可知、可控、可用、可靠》，《上海信息化》2018 年第 10 期。

结　语

一　本书的基本结论

本书主要从政治学、社会学等多学科角度分析了互联网时代的社会整合相关问题，具体而言，从互联网时代社会整合的建构背景、互联网时代社会整合模式转型、互联网时代社会整合的发展机遇、互联网时代社会整合的风险挑战以及互联网时代完善社会整合功能的路径选择等方面展开，主要得出以下几个基本结论。

（一）互联网时代的社会整合模式是一种新形式

与以往的社会整合模式相比，互联网时代的社会整合模式表现出的不同之处主要体现在社会整合主体、社会整合客体、社会整合时空与社会整合机制等方面。互联网时代社会整合主体的多元共融，社会整合时空的即时性，虚实空间的共存均是传统社会整合模式所不具备的。互联网时代这些显著的社会整合特征有别于传统方式，一定程度上开拓了社会整合的新模式。

（二）互联网只是革新社会整合的一种辅助性方式

伴随互联网技术的迅猛发展，网络社会与现实社会共同发展。但是社会的根本性结构没有改变，网络社会并不能取代现实社会，仍需要依托现实社会而发展。从这个角度来看，社会整合的革新需要线上与线下相结合才能发挥作用，即通过互联网的独特优势发现问题，进而依靠现实社会的共同治理与革新，推动社会整合的良性运转，所以说，互联网知识革新是社会整合的一种辅助性方式。

（三）互联网对社会整合的积极效应与消极效应共存

互联网对社会整合的积极效应：一是为利益整合创造充盈动能；二是为价值整合构建聚力空间；三是为制度整合提供有力保障；四是为组织整合注入鲜活动力。

互联网对社会整合的负功能：一是"数字鸿沟"引发社会风险；二是"信息茧房"破坏网络公共领域建构；三是人工智能与区块链冲击社会结构；四是"网络民粹"危害社会和国家安全。

可见，互联网对社会整合的影响既有积极的一面，也带来相应的风险与挑战，对该问题的研究有助于寻求路径并完善不足。本研究给出的路径主要包括：一是通过推动网络技术下沉、引导网民理性表达和完善网络空间的法律法规等营造良好的网络生态环境；二是通过严守网络社会分化的底线、避免"原子化"社会的成形和规避网络社会过度"碎片化"风险等谨防互联网的负面分化危机；三是通过深挖网络空间的"社会共同性"、提高网络主体的媒介素养和优化人类对人工智能技术的可控性等提升网络4.0时代的社会整合效力。

二 可能的扩展研究

本书主要概述了互联网时代的社会整合模式特征、互联网对社会整合的积极效应及潜在风险与完善社会整合功能的相关路径，但仍存在很大的不足和局限，可从如下几个方面进行扩展研究。

（一）互联网时代社会整合的量化研究

从既有的研究来看，多数研究仍处于理论层面，具体的定量研究相对较少，比如利用工业化指标、全球化指数和基尼系数对社会整合的各阶段程度、能力以及未来风险的相关研究，都缺少具体指数、系数的量化分析。随着数字化社会的发展，这种分析是我们进行相关领域研究的一个重要方法，比如可用于分析互联网时代下政府开展社会治理情况的清廉指数、政务指数。总之，随着互联网技术的发展，针对互联网时代社会整合问题开展的研究没有止境。

（二）社会整合的革新对互联网的反作用

从历史发展的视角看，技术的发展与社会的变迁是相辅相成的。本书重点探究了互联网对社会利益整合、价值整合、制度整合与组织整合的积极效应，以及伴随互联网技术发展，数字鸿沟、信息茧房、人工智能和网络民粹带来的风险与挑战，总而言之，互联网对社会整合的作用是以往任何时代的任何技术无法比拟的。随着社会整合的革新、社会结构的变迁以及社会成员文化水平与综合素质的提高，其将如何反作用于互联网技术，整个社会结构的变革将对互联网技术产生何种效用亦是值得关注的一个话题。

（三）以人工智能等为代表的新技术对社会整合的具体影响

人工智能和信息革命为社会的发展带来了巨大机遇。但与此同时，智能科技逐步成为整个社会的基本技术支撑，社会成员正在沦为高速运转的智能社会系统的"附庸"和"奴隶"，各种智能系统不断取代人的工作。① 因此，要致力于将人工智能、大数据、云共享等虚拟现实技术相融合，立足于人的立场并推动技术的最大可能性发展，进而吸收人工智能等技术的精华，构建以人为本、人机协同的智能社会。此外，互联网技术领域的新技术除对社会产生影响外，将对社会个体产生何种影响亦是需要细致研究的问题之一。

---

① 孙伟平：《人工智能与人的"新异化"》，《中国社会科学》2020 年第 12 期。

参考文献

中文著作（含译著）

中共中央马克思恩格斯列宁斯大林著作编译局编译《马克思恩格斯选集》（第一卷），人民出版社，2012。

中共中央马克思恩格斯列宁斯大林著作编译局编译《马克思恩格斯选集》（第三卷），人民出版社，2012。

中共中央马克思恩格斯列宁斯大林著作编译局编译《马克思恩格斯选集》（第四卷），人民出版社，2012。

习近平：《习近平谈治国理政》（第一卷），外文出版社，2018。

习近平：《习近平谈治国理政》（第二卷），外文出版社，2018。

习近平：《论党的宣传思想工作》，中央文献出版社，2020。

习近平：《决胜全面建成小康社会　夺取新时代中国特色社会主义伟大胜利——在中国共产党第十九次全国代表大会上的报告》，人民出版社，2017。

《中华人民共和国网络安全法》，中国民主法制出版社，2018。

鲍宗豪主编《网络与当代社会文化》，上海三联书店，2001。

卜绍斌：《马克思的"社会"概念》，山东人民出版社，2010。

蔡恒进主编《区块链：链接智能未来》，人民出版社，2020。

蔡文之：《网络：21世纪的权力与挑战》，上海人民出版社，2007。

陈卫星：《传播的观念》，人民出版社，2004。

段永朝：《互联网：碎片化生存》，中信出版社，2009。

费孝通：《乡土中国》，北京大学出版社，2012。

郭建宁主编《社会主义核心价值观基本内容》，人民出版社，2014。

郭玉锦、王欢编著《网络社会学》，中国人民大学出版社，2017。

韩星：《儒法整合：秦汉政治文化论》，中国社会科学出版社，2005。

何毅亭：《论中国特色社会主义制度》，人民出版社，2020。

洪涛：《逻各斯与空间——古代希腊政治哲学研究》，上海人民出版社，1998。

侯均生：《西方社会思想史》，南开大学出版社，2007。

黄传新、吴兆雪等：《构建和谐社会与意识形态建设》，安徽人民出版社，2007。

黄少华、陈文华主编《重塑自我的游戏——网络空间的人际交往》，兰州大学出版社，2002。

贾春增主编《外国社会学史（第三版）》，中国人民大学出版社，2015。

贾英健：《公共性视域——马克思哲学的当代阐释》，人民出版社，2009。

菅志翔：《族群归属的自我认同与社会定义》，民族出版社，2006。

李春敏：《马克思的社会空间理论研究》，上海人民出版社，2012。

李培林主编《中国社会》，社会科学文献出版社，2011。

李强：《社会分层十讲（第二版）》，社会科学文献出版社，2011。

李强：《转型时期中国社会分层》，辽宁教育出版社，2004。

李颖、董彦主编《现代教育技术应用》，中国科学技术大学出版社，2013。

梁漱溟：《乡村建设理论》，商务印书馆，2015。

刘惠：《中国共产党社会整合研究》，人民出版社，2016。

刘少杰主编《中国网络社会研究报告2017》，中国人民大学出版社，2018。

刘少杰主编《国外社会学理论》，高等教育出版社，2006。

刘泽华主编《中国传统政治哲学与社会整合》，中国社会科学出版社，2000。

陆学艺主编《当代中国社会建设》，社会科学文献出版社，2013。

陆学艺主编《当代中国社会阶层研究报告》，社会科学文献出版社，2002。

陆学艺主编《当代中国社会结构》，社会科学文献出版社，2010。

陆学艺主编《当代中国社会流动》，社会科学文献出版社，2004。

陆学艺、王处辉主编《中国社会思想史资料选辑（宋元明清卷）》，广西人民出版社，2007。

吕本富、郝叶力编著《网络时代的中国》，外文出版社，2018。

钱穆：《中国历代政治得失》，九州出版社，2012。

宋元林：《网络文化与人的发展》，人民出版社，2009。

孙来斌主编《中国梦之中国复兴》，武汉大学出版社，2015。

孙立平：《断裂：20世纪90年代以来的中国社会》，社会科学文献出版社，2003。

商鞅等：《商君书》，章诗同注，上海人民出版社，1974。

汪晖、陈燕谷主编《文化与公共性》，生活·读书·新知三联书店，2005。

王邦佐等：《执政党与社会整合：中国共产党与新中国社会整合实例分析》，上海人民出版社，2007。

王虎学：《马克思分工思想研究》，中央编译出版社，2012。

王君玲：《网络社会的民间表达——样态、思潮及动因》，暨南大学出版社，2013。

王俊秀主编《中国社会心态研究报告（2016）》，社会科学文献出版社，2016。

王俊秀主编《中国社会心态研究报告（2018）》，社会科学文献出版社，2018。

王茹：《互联网经济时代的政府治理创新研究》，人民出版社，2017。

王思斌主编《社会学教程（第二版）》，北京大学出版社，2005。

王莎莎：《江村八十年：费孝通与一个江南村落的民族志追溯》，学苑出版社，2017。

韦彬：《跨域公共危机整体性治理研究》，知识产权出版社，2019。

吴敬琏：《呼唤法治的市场经济》，生活·读书·新知三联书店，2007。

吴满意：《网络人际互动——网络实践的社会视野》，人民出版社，2015。

吴青荣：《人力资本与扩大中等收入群体研究》，中国财政经济出版社，2016。

吴晓波：《激荡三十年：中国企业 1978－2008（上）》，中信出版集团，2017。

吴晓波：《激荡三十年：中国企业 1978－2008（下）》，中信出版集团，2017。

吴晓波：《激荡十年，水大鱼大》，中信出版集团，2017。

吴忠民：《社会公正论（第三版）》，商务印书馆，2019。

吴忠民：《社会矛盾新论》，山东人民出版社，2015。

吴忠民：《中国现代化论》，商务印书馆，2019。

谢俊贵：《信息的富有与贫乏：当代中国信息分化问题研究》，上海三联书店，2004。

武力主编《中华人民共和国经济史（上册）》，中国经济出版社，1999。

武力主编《中华人民共和国经济史（下册）》，中国经济出版社，1999。

杨仁忠：《公共领域论》，人民出版社，2009。

杨善民：《中国社会学说史》，山东大学出版社，2002。

俞可平：《思想解放与政治进步》，社会科学文献出版社，2008。

张番红：《转型期我国社会整合研究——基于马克思主义视角》，中国社会科学出版社，2016。

张静：《法团主义》，东方出版社，2015。

张秦：《软治理模式：网络情境下"桥"式反腐机制建立的研究》，中国言实出版社，2016。

郑杭生主编《社会学概论新修（第四版）》，中国人民大学出版社，2013。

郑永年：《技术赋权：中国的互联网、国家与社会》，东方出版社，2014。

国家统计局编《中国统计年鉴 2018》，中国统计出版社，2018。

《习近平新闻思想讲义（2018 年版）》，人民出版社、学习出版社，2018。

中共中央文献研究室编《习近平关于社会主义经济建设论述摘编》，中央文献出版社，2017。

〔法〕古斯塔夫·勒庞：《乌合之众：大众心理研究》，冯克利译，中央编译出版社，2015。

〔德〕哈贝马斯：《公共领域的结构转型》，曹卫东等译，学林出版社，1999。

〔德〕哈贝马斯：《交往行动理论·第一卷——行动的合理性和社会合理化》，洪佩郁、蔺青译，重庆出版社，1994。

〔德〕马丁·海德格尔：《存在与时间》，陈嘉映、王庆节译，生活·读书·新知三联书店，2006。

〔德〕马克斯·韦伯：《经济与社会》，林荣远译，商务印书馆，1997。

〔美〕汉娜·阿伦特：《人的境况》，王寅丽译，上海人民出版社，2009。

〔美〕汉娜·阿伦特：《过去与未来之间》，王寅丽、张立立译，译林出版社，2011。

〔美〕弗朗西斯·福山：《大分裂：人类本性与社会秩序的重建》，刘榜离等译，中国社会科学出版社，2002。

〔美〕斯塔夫里阿诺斯：《全球通史：从史前史到 21 世纪（上下册）》，吴象婴等译，北京大学出版社，2012。

〔美〕赫伯特·马尔库塞：《单向度的人：发达工业社会意识形态研究》，刘继译，上海译文出版社，2008。

〔美〕尼古拉·尼葛洛庞帝：《数字化生存》，胡泳、范海燕译，电子工业出版社，2017。

〔美〕曼纽尔·卡斯特：《网络社会的崛起》，夏铸九、王志弘等译，社会科学文献出版社，2001。

〔美〕曼纽尔·卡斯特：《千年终结》，夏铸九、黄慧琦等译，社会科学文献出版社，2003。

〔美〕曼纽尔·卡斯特：《认同的力量》，曹荣湘译，社会科学文献出版社，2006。

〔美〕亚伯拉罕·马斯洛：《动机与人格》，许金声等译，中国人民大学出版社，2007。

〔美〕曼瑟尔·奥尔森：《集体行动的逻辑》，陈郁、郭宇峰、李崇新译，格致出版社、上海三联书店、上海人民出版社，2014。

〔美〕卡尔·夏皮罗、哈尔·瓦里安：《信息规则：网络经济的策略指》，张帆译，中国人民大学出版社，2000。

〔美〕林南：《社会资本——关于社会结构与行动的理论》，张磊译，上海人民出版社，2005。

〔美〕罗伯特·帕特南：《独自打保龄：美国社区的衰落与复兴》，刘波等译，北京大学出版社，2011。

〔美〕道格拉斯·C.诺斯：《制度、制度变迁与经济绩效》，刘守英译，上海三联书店，1994。

〔美〕雷·库兹韦尔：《奇点临近》，李庆诚、董振华等译，机械工业出版社，2011。

〔美〕尼古拉斯·卡尔：《数字乌托邦：一部数字时代的尖锐反思史》，

姜忠伟译，中信出版社，2018。

〔美〕马斯洛：《马斯洛人本哲学》，成明编译，九州出版社，2003。

〔英〕维克托·迈尔-舍恩伯格、肯尼思·库克耶：《大数据时代——生活、工作与思维的大变革》，盛杨燕、周涛译，浙江人民出版社，2013。

〔英〕安东尼·吉登斯：《社会的构成：结构化理论大纲》，李康、李猛译，生活·读书·新知三联书店，1998。

〔英〕安东尼·吉登斯：《现代性的后果》，田禾译，译林出版社，2011。

〔英〕安东尼·吉登斯：《社会学》（第四版），赵旭东等译，北京大学出版社，2003。

〔英〕安东尼·吉登斯：《现代性与自我认同：现代晚期的自我与社会》，赵旭东等译，生活·读书·新知三联书店，1998。

〔英〕保罗·霍普：《个人主义时代之共同体重建》，沈毅译，浙江大学出版社，2010。

〔英〕赫伯特·斯宾塞：《社会静力学》，张雄武译，商务印书馆，1996。

〔英〕亚当·斯密：《国民财富的性质和原因的研究（上卷）》，郭大力、王亚南译，商务印书馆，1972。

〔英〕亚当·斯密：《道德情操论》，蒋自强等译，商务印书馆，2015。

〔英〕霍恩比：《牛津高阶英汉双解词典（第6版）》，石孝殊等译，商务印书馆，2004。

〔英〕丹尼斯·麦奎尔：《麦奎尔大众传播理论》，崔保国、李琨译，清华大学出版社，2006。

〔英〕理查德·萨斯坎德、丹尼尔·萨斯坎德：《人工智能会抢哪些工作》，李莉译，浙江大学出版社，2018。

〔英〕詹姆斯·柯兰等：《互联网的误读》，何道宽译，中国人民大学出版社，2014。

〔美〕乔治·瑞泽尔：《后现代社会理论》，谢立中等译，华夏出版社，2003。

〔法〕埃米尔·涂尔干：《社会分工论》，渠东译，生活·读书·新知三联书店，2000。

〔法〕孟德斯鸠：《论法的精神》，许明龙译，商务印书馆，2015。

〔法〕古斯塔夫·勒庞：《乌合之众：大众心理研究》，赵丽慧译，中国妇女出版社，2017。

〔古希腊〕柏拉图：《理想国》，郭斌和、张竹明译，商务印书馆，2002。

〔以〕尤瓦尔·赫拉利：《未来简史》，林俊宏译，中信出版社，2017。

中文期刊

包艳：《试论社会分化理论及其对我国现代化建设的启示》，《理论界》2007 年第 10 期。

边燕杰、王文彬等：《跨体制社会资本及其收入回报》，《中国社会科学》2012 年第 2 期。

曹文宏：《劳动异化论与人性异化论——马克思与弗洛姆异化理论之比较》，《江苏行政学院学报》2014 年第 2 期。

程承坪、兰海：《大数据、分立知识的整合与经济发展》，《河北学刊》2020 年第 4 期。

陈佳、陈凡：《论技术的社会整合及其机制》，《自然辩证法研究》2014 年第 8 期。

陈建功、李晓东：《中国互联网发展的历史阶段划分》，《互联网天地》2014 年第 3 期。

陈淑娟、李俊：《社会阶层分化视域中的执政党利益整合》，《甘肃理论学刊》2013 年第 3 期。

程士强：《中国网络社会的"倒丁字形"结构及其形成机制》，《兰州大学学报》（社会科学版）2017 年第 6 期。

邓志强：《网络时代社会认同的时空转换——基于时空社会学的分析视角》，《人文杂志》2014 年第 8 期。

段忠桥：《古希腊罗马时期的平等观念》，《哲学动态》2018年第10期。

方兴东、陈帅：《中国互联网25年》，《现代传播》2019年第4期。

丰子义：《关于社会发展的代价问题》，《哲学研究》1995年第7期。

丰子义：《关于社会进步评价尺度的几个问题》，《中国特色社会主义研究》2012年第6期。

顾辉：《社会流动视角下的阶层固化研究——改革开放以来我国社会阶层流动变迁分析》，《广东社会科学》2015年第5期。

胡敏：《互联网众筹模式与网民社会资本关系研究》，《新闻研究导刊》2016年第9期。

黄荣贵、骆天珏、桂勇：《互联网对社会资本的影响：一项基于上网活动的实证研究》，《江海学刊》2013年第1期。

黄欣荣：《人工智能对人类劳动的挑战及其应对》，《理论探索》2018年第5期。

黄欣荣：《人工智能与人类未来》，《新疆师范大学学报》（哲学社会科学版）2018年第4期。

季相林：《人的全面自由发展与闲暇时间》，《当代世界与社会主义》2003年第6期。

贾绘泽：《社会整合：涵义述评、分析与相关概念辨析》，《高校社科动态》2010年第2期。

贾双跃：《更好发挥社会参与主体在乡村振兴中的作用》，《中国党政干部论坛》2018年第8期。

江畅：《中国传统价值观的人治德治礼治法治考论》，《江苏行政学院学报》2019年第1期。

来向武、任玉琛：《中国互联网使用对社会资本影响的元分析》，《新闻与传播研究》2020年第6期。

雷鸣：《浅析互联网对社会整合的影响》，《中共杭州市委党校学报》2012年第2期。

李海芹、张辉、张承龙：《网络公益社会认同影响因素及产生机制研究》，《管理评论》2019 年第 1 期。

李路路：《新的社会阶层——意义和挑战并存》，《中央社会主义学院学报》2017 年第 4 期。

李辽宁、闻燕华：《近年来我国对社会整合问题的研究综述》，《贵州社会科学》2007 年第 2 期。

李培林：《另一只看不见的手：社会结构转型》，《中国社会科学》1992 年第 5 期。

李培林：《改革开放近 40 年来我国阶级阶层结构的变动、问题和对策》，《中共中央党校学报》2017 年第 6 期。

李强：《"丁字型"社会结构与"结构紧张"》，《社会学研究》2005 年第 2 期。

刘少杰：《城市化进程中的认同分化与风险集聚》，《探索与争鸣》2011 年第 2 期。

刘少杰：《利益关系分化中的意识形态变迁》，《社会》2008 年第 3 期。

刘少杰：《网络化时代的社会分化与社会表象》，《当代世界》2013 年第 2 期。

刘少杰：《网络空间的现实性、实践性与群体性》，《学习与探索》2017 年第 2 期。

刘少杰：《互联网时代社会预期的变化与引导》，《理论学习》2017 年第 2 期。

刘少杰：《网络化时代的社会结构变迁》，《学术月刊》2012 年第 10 期。

刘少杰：《网络社会的感性化趋势》，《天津社会科学》2016 年第 3 期。

刘涛熊、徐晓飞：《大数据与宏观经济分析研究综述》，《国外理论动态》2015 年第 1 期。

刘艺工：《简论古代希腊的民主与法治》，《天津法学》2014 年第 2 期。

陆学艺：《中国社会阶级阶层结构变迁 60 年》，《北京工业大学学报》

（社会科学版）2010 年第 3 期。

马岭：《寻找通道：在礼治与法治之间》，《学习与探索》2019 年第
8 期。

邱耕田：《社会发展与社会进步关系辨析》，《教学与研究》2006 年第
1 期。

任丰田：《斯宾塞社会进化论思想述评》，《重庆科技学院学报》（社会
科学版）2010 年第 9 期。

宋辰婷：《网络时代的感性意识形态传播和社会认同建构》，《安徽大学
学报》（哲学社会科学版）2015 年第 1 期。

宋云芳：《中国传统人治向法治的转变》，《湖北经济学院学报》（人文
社会科学版）2017 年第 6 期。

孙立平：《社会转型：发展社会学的新议题》，《社会学研究》2005 年
第 1 期。

孙廷华：《加强对闲暇时间与闲暇文化的研究》，《社会学研究》1986
年第 3 期。

孙伟平：《人工智能与人的"新异化"》，《中国社会科学》2020 年第
12 期。

田毅鹏：《转型期中国社会原子化动向及其对社会工作的挑战》，《社会
科学》2009 年第 7 期。

江苏省哲学社会科学规划办公室：《网络对社会交往行动的影响》，《江
苏社会科学》2006 年第 2 期。

王春光：《快速转型时期的利益分化与社会矛盾》，《江苏社会科学》
2007 年第 2 期。

王道勇：《从社会整合到社会合作：社会矛盾应对模式的转向》，《教学
与研究》2014 年第 7 期。

王道勇：《网络社会中的群体心理极化与社会合作应对》，《中共中央党
校学报》2015 年第 4 期。

王迪、王汉生：《移动互联网的崛起与社会变迁》，《中国社会科学》

2016 年第 7 期。

王浩斌：《马克思恩格斯的社会整合思想及其当代价值》，《湖南城市学院学报》（人文社会科学版）2009 年第 3 期。

王利明：《法治与人治的功能特性差异》，《当代贵州》2015 年第 6 期。

王思斌：《社会转型中的弱势群体》，《中国党政干部论坛》2002 年第 3 期。

王小章：《现代政治与道德：涂尔干与韦伯的分殊与交叠》，《社会学评论》2020 年第 3 期。

王钰鑫：《习近平网络空间命运共同体思想的生成、内涵与构建路径》，《广西社会科学》2018 年第 6 期。

吴晓林：《现代化进程中的社会分化与整合》，《河南大学学报》（社会科学版）2012 年第 3 期。

吴晓林：《社会整合理论的起源与发展：国外研究的考察》，《国外理论动态》2013 年第 2 期。

吴中海：《中国新经济驱动力之大数据与人工智能》，《政治经济学评论》2018 年第 4 期。

吴忠民：《20 世纪在中国历史上的重大标识意义——20 世纪中国"V字型"历程分析》，《人文杂志》2017 年第 8 期。

吴忠民：《20 世纪中国社会转型的基本特征分析》，《学海》2003 年第 3 期。

吴忠民：《现代化意味着什么》，《中共中央党校学报》2019 年第 3 期。

吴忠民：《社会焦虑的成因与缓解之策》，《河北学刊》2012 年第 1 期。

吴忠民：《世俗化与中国的现代化建设》，《清华大学学报》（哲学社会科学版）2020 年第 2 期。

吴忠民：《社会矛盾倒逼改革发展的机制分析》，《中国社会科学》2015 年第 5 期。

吴忠民：《社会公正与中国现代化》，《社会学研究》2019 年第 5 期。

吴忠民：《社会矛盾的主要成因分析》，《教学与研究》2015 年第 4 期。

谢俊贵：《当代社会变迁之技术逻辑——卡斯特尔网络社会理论述评》，

《学术界》2002 年第 4 期。

许丹红：《互联网使用动机、网络密度与网民社会资本》，《青年研究》2016 年第 6 期。

晏荣：《现阶段中国面临的社会整合难题与解决思路》，《科学社会主义》2014 年第 4 期。

杨建华：《论社会分化的三个维度》，《浙江学刊》2010 年第 1 期。

于琳、丁社教：《马克思与涂尔干社会分工思想谱系的异同与会通》，《江西社会科学》2020 年第 2 期。

袁泽民、莫瑞丽：《"社会整合"的类型及建构——对涂尔干的"社会整合"思想的解读》，《理论界》2008 年第 5 期。

赵戉斐、陈波：《迈越和谐社会的拐点——由同质性社会到差异性社会》，《兰州学刊》2008 年第 4 期。

曾春燕、卿前龙：《闲暇时间的产生及其经济性质》，《商业研究》2010 年第 4 期。

张良：《论马克思人学思想的逻辑内涵与时代价值》，《求索》2012 年第 11 期。

张梁梁、杨俊、张华：《社会资本的经济增长效应》，《财经研究》2017 年第 5 期。

张文宏：《中国社会网络与社会资本研究 30 年（上）》，《江海学刊》2011 年第 2 期。

张元、丁三青、李晓宁：《网络道德异化与和谐网络文化建设》，《现代传播》2014 年第 4 期。

张元、孙巨传、洪晓楠：《新时代网络社会的发展困境与治理机制探析》，《电子政务》2019 年第 8 期。

张艺：《网络对青年社会交往的正负效应》，《人民论坛》2016 年第 35 期。

张翼：《社会整合与文化整合——社会学者的"整合"观》，《兰州商学院学报》1994 年第 1 期。

张兆曙：《"互联网+"的技术红利与非预期后果》，《天津社会科学》2017 年第 5 期。

张兆曙：《互联网的社会向度与网络社会的核心逻辑——兼论社会学如何理解互联网》，《学术研究》2018 年第 3 期。

章征科：《中国传统社会整合模式及其影响探析》，《中原文化研究》2019 年第 2 期。

郑杭生：《改革开放三十年：社会发展理论和社会转型理论》，《中国社会科学》2009 年第 2 期。

郑杭生：《中国社会大转型》，《中国软科学》1994 年第 1 期。

郑中玉、何明升：《"网络社会"的概念辨析》，《社会学研究》2004 年第 1 期。

郑也夫：《秘密社会》，《开放时代》2000 年第 5 期。

郑生勇：《网络虚拟社区中大学生社会交往的特点及其干预策略》，《浙江师范大学学报》（社会科学版）2014 年第 2 期。

周恒：《论互联网社交在法治社会建设中的功能》，《河北法学》2020 年第 4 期。

周师迅：《专业化分工对生产性服务业发展的驱动效应》，《上海经济研究》2013 年第 6 期。

学位论文

高峰：《社会秩序论——本质及相关问题的总体性研究》，博士学位论文，中共中央党校，2007。

宁德安：《社会整合初论》，博士学位论文，中共中央党校，2013。

邓晓臻：《社会分层论》，博士学位论文，中国人民大学，2006。

卢希望：《执政党的社会整合功能研究》，博士学位论文，中共中央党校，2005。

刘惠：《利益分化下中国共产党的社会整合研究》，博士学位论文，西安交通大学，2011。

贾绘泽：《邓小平理论与当代中国社会整合》，博士学位论文，河北师范大学，2008。

罗峰：《变革社会中的政党权威与社会整合——对中国共产党执政体系的政治学分析》，博士学位论文，复旦大学，2006。

姜卫平：《社会转型期中国共产党社会整合能力问题研究》，博士学位论文，中共中央党校，2010。

涂小雨：《转型期中国共产党社会整合机制研究》，博士学位论文，中共中央党校，2010。

贾双跃：《中国现代化进程中的社会分化现象研究》，博士学位论文，中共中央党校，2019。

外文参考文献

Whitty M. T., "Liar Liar! An Examination of How Open, Supportive and Honest People are in Chat Rooms," *Computers in Human Behavior*, 2002, 18 (4).

Woon I. M. Y., Pee L. G., "Behavior Factors Affecting Interenet Abuse in the Workplace: An Empirical Investigation," Proceedings of the Third Annual Workshop on HCI Research in MIS, Washington, D. C., 2004.

Siegfrid R. M., "Students Attitudes on Software Piracy and Related Issues of Computer Ethics," *Ethics and Information Technology*, 2004, 6 (4).

Morris R. G., Higgins G. E., "Neutralizing Potential and Self-reported Digital Piracy," *Criminal Justice Review*, 2009, 34 (2).

Higgins G. E. et al., "Digital Piracy: A Latent Class Analysis," *Social Science Computer Review*, 2009, 27 (1).

Rowe I., "Civility 2.0: A Comparative Analysis of Incivility in Online Political Discussion," *Communication&Society*, 2015, 18.

Sunstein C., *Republic. com. Princeton*, Princeton University Press, 2001.

Weber, Max, *Wirtschaft und Gesellschaft*, Mohr Siebeck, 2002.

Lester F. Ward, "Social Differentiation and Social Integration," *The American Journal of Sociology*, 1903.

Weber, M. , *The Theory of Social and Economic Organization*, New York: Free Press, 1947.

Lee S. J. , "Online Communication and Adolescent Social Ties: Who Benefits more from Internet Use?" *Journal of Computer-Mediated Communication*, 2009, 14 (3) .

Wellman, B. , Haase, A. Q. , Witte, J. , & Hampton, K. , "Does the Internet Increase, Decrease, or Supplement Social Capital? Social Networks, Participation, and Community Commitment," *American Behavioral Scientist*, 2001, 45 (3) .

Zhao S. , "Do Internet Users have more Social Ties? A Call for Differentiated Analyses of Internet Use," *Journal of Computer-Mediated Communication*, 2006, 11 (3) .

Nie, N. H. , Hillygus, D. S, & Erbring, L. , "Internet Use, Interpersonal Relations, and Sociability: A Time Diary Study," In B. Wellman & C. Haythornthwaite (eds.), *The Internet in Everyday Life*, 2002.

Kraut, R. , Patterson, M. , Lundmark, V. , Kiesler, S. , Mukopadhyay, T. , & Scherlis, W. , "Internet Paradox: A Social Technology that Reduces Social Involvement and Psychological Well-being?" *American Psychologist*, 1998, 53 (9) .

Koku, E. , Nazer, N. , & Wellman, B. , "Netting Scholars: Online and Offline," *American Behavioral Scientist*, 2001, 44 (10) .

Cummings, J. N. , Butler, B. , & Kraut, R. , "The Quality of Online Social Relationships," *Communication of the ACM*, 2002, 45 (7) .

Valkenburg, P. , & Peter, J. , "Adolescents' Online Communication and their Closeness to Friends," Paper presented at the International Communication Association, New York, 2005.

Kraut, R. , Kiesler, S. , Boneva, B. , Cummings, J. , Helgeson, V. , & Crawford, A. , "Internet Paradox Revisited," *Journal of Social Issues*, 2002, 58 (1).

Jones, A. H. M. , *Athenian Democracy*, Oxford: Oxford University Press, 1957.

图书在版编目（CIP）数据

互联网时代社会整合的模式转型与发展问题研究 /
王磊著.--北京：社会科学文献出版社，2024.10
ISBN 978-7-5228-1619-7

Ⅰ.①互… Ⅱ.①王… Ⅲ.①互联网络-应用-社会
整合-研究-中国 Ⅳ.①D669

中国国家版本馆 CIP 数据核字（2023）第 052887 号

互联网时代社会整合的模式转型与发展问题研究

著　　者／王　磊

出　版　人／冀祥德
责任编辑／张　媛
责任印制／王京美

出　　　版／社会科学文献出版社·皮书分社（010）59367127
　　　　　　地址：北京市北三环中路甲 29 号院华龙大厦　邮编：100029
　　　　　　网址：www.ssap.com.cn
发　　　行／社会科学文献出版社（010）59367028
印　　　装／三河市龙林印务有限公司

规　　　格／开　本：787mm×1092mm　1/16
　　　　　　印　张：12.75　字　数：196 千字
版　　　次／2024 年 10 月第 1 版　2024 年 10 月第 1 次印刷
书　　　号／ISBN 978-7-5228-1619-7
定　　　价／89.00 元

读者服务电话：4008918866